大活字本シリーズ

天災から日本史を読みなおす

先人に学ぶ

磯田道史

埼玉福祉会

天災から日本史を読みなおす

先人に学ぶ防災

装幀　巖谷純介

まえがき——イタリアの歴史哲学者を襲った大地震

天災がおきると、人間の歴史の見方、いや世界の見方が確実に変わる。わたしはそういう少年を一八八三年のイタリアにみた。その少年が不幸な震災に遭わなかったら、わたしは『武士の家計簿』を書いていない。

イタリア南部のナポリのあたりは日本と同じく地震が多い。古代ローマ帝国時代から地震・火山被害が繰り返されてきた。ナポリの沖合にイスキア島という温泉島がある。一八八三年七月二八日、この島を地震が襲った。局地的な地震（マグニチュード五・六）だったが、震源が浅く、島の温泉町カーサミッチョラは一三秒の揺れでほぼ全壊した。震度は六強〜七であったろう。

『ニューヨーク・タイムズ』によれば、その時、「上流階級の人々の大半は劇場にいて」、夜の九時半に突然ものすごい衝撃に襲われた。「ミッチョラの家屋はほぼすべて倒壊し、少なくとも三〇〇〇人が死んだ」。年表などでは、このイスキア地震の死者は二三〇〇人とされるが、三一〇〇人とする研究もある（『ANNALI DI GEOFISICA』三八号、一九九五年）。

この時、裕福なイタリア人一家五人が夏の温泉バカンスを楽しんでいた。父と母、兄・弟と妹の五人全員が建物の下に埋もれた。キャンドルの灯《あか》りを頼りに、数時間後、救出された時には、父母と妹は息絶えており、体力のある兄弟二人だけが生き残った。

この兄のほうが、のちに世界的な歴史哲学者となるベネデット・クローチェで、掘り出された時、一七歳であった。孤児になった兄弟は父のいとこ、シルヴィオ・スパヴェンタに引き取られた。スパヴェンタはイタリア統一運動の功労者で国会議員。元警察大臣で、ローマの宮殿わきの邸宅には、イタリア一流の知識人が出入りした。

クローチェはいきなりこの環境に放り込まれた。自伝に、この時の虚脱感を綴《つづ》っている。「家庭的災厄に茫然《ぼうぜん》と我を失い……病気でないのに、あらゆる病気にかかっているかにみえ……私から希望の喜ばしさをいっさい奪ってしまっ」た。最近「震災うつ」という用語が使われだしたが、この苦しさは体験した人にしかわかるまい。「これらの年月は私の最も悲しく暗い時期であった。夜、頭を枕によこたえて、朝めざめないようにと切に熱望し、自殺の考えさえおこ」ったという(坂井直芳訳「ベネデット・クローチェ自伝」『十九世紀ヨーロッパ史』)。

しかし、時間は苦しむ者の味方だ。苦しいのは今だけで永久には続かぬと思えば救われる。クローチェはローマの図書館に通いはじめ、スパヴェンタ家で哲学者ラブリオーラに出会い、哲学と歴史の研究に入った。彼は、デカルトとは反対に、我有る故に、我思う、生は理性に先行すると悟ったのか、「生の哲学」と歴史を結びつけた。そして、世界的に有名な歴史哲学の深遠な言葉＝「すべての真の歴史は現代史である」に到達した。

人間は現代を生きるために過去をみる。すべて歴史は現代人が現代の目で過去をみて書いた現代の反映物だから、すべての歴史は現代史の一部といえる。歴史はその時代の精神を表現したもの、生きる人間のものではないか。クローチェの思想に学んだ私は不況のどん底の日本で、幕末の激動を生きた武士の暮らしを眺め、『武士の家計簿』という本を書いた。それから八年がたって、震災がおき、天災を目のあたりにして、我々の歴史の見方や価値観も変わりつつある。近代化以前の社会は自然環境の影響を大きくうけた。農業が中心の自然経済なのだから当然である。震災後の歴史学、いや科学全体は自然に対する人間の小ささを謙虚に自覚せねばならぬであろう。

天災を勘定に入れて、日本史を読みなおす作業が必要とされているのではなかろうか。人間の力を過信せず、自然の力を考えに入れた時、我々の前に新しい視界がひらけてくる。あの震災で我々はあまりにも大きなものを失った。

喪失はつらい。しかし、失うつらさのなかから未来の光を生みださねばと思う。過去から我々が生きるための光をみいだしたい。クローチェのように。

天災から日本史を読みなおす　目次

第4章　災害が変えた幕末史……………………203

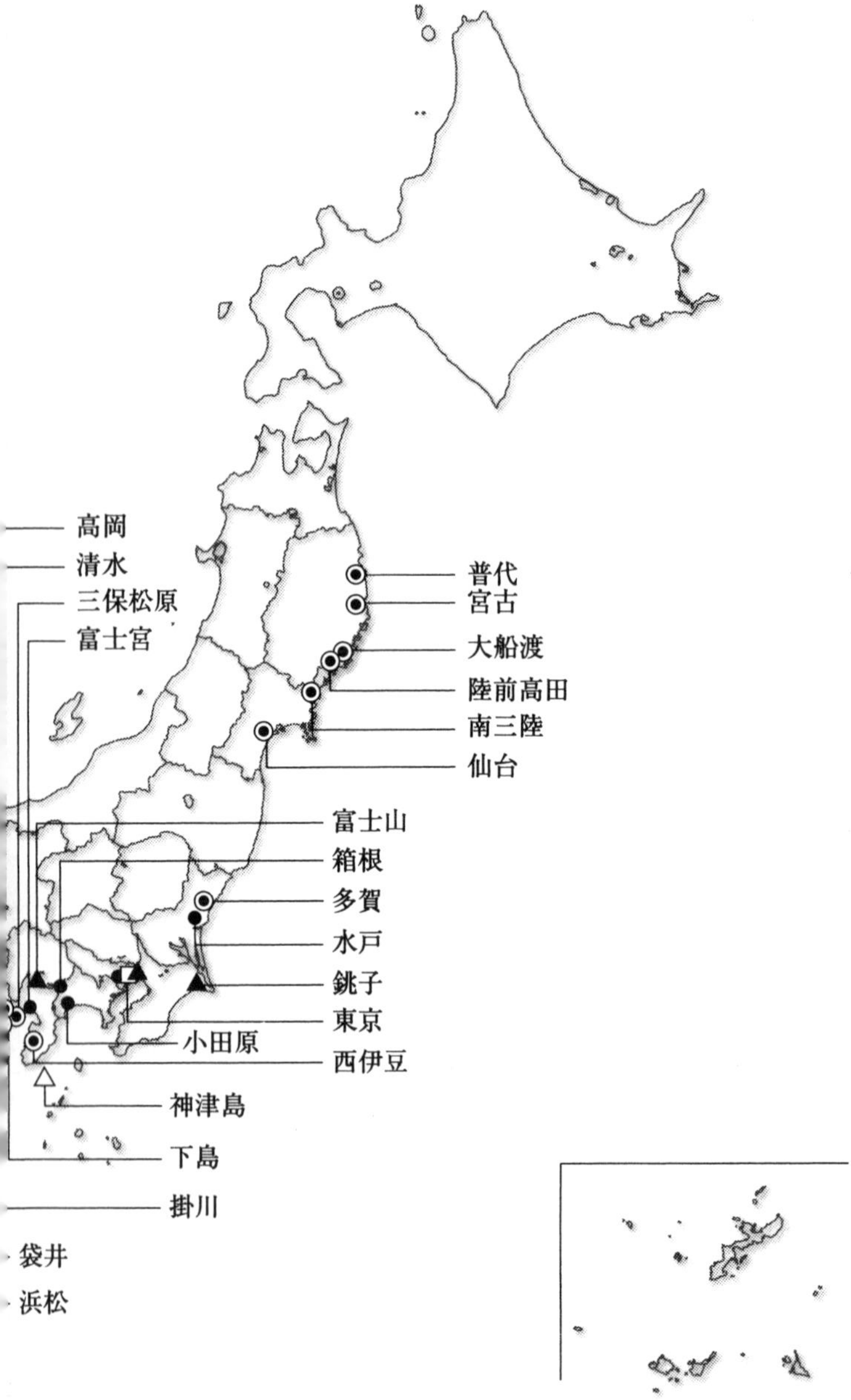
高岡
清水
三保松原
富士宮
普代
宮古
大船渡
陸前高田
南三陸
仙台
富士山
箱根
多賀
水戸
銚子
東京
小田原
西伊豆
神津島
下島
掛川
袋井
浜松

本書に登場する主な被災地

- ● 地震
- ◉ 津波（地震を含む）
- □ 高潮
- △ 土砂崩れ
- ▲ 噴火、降灰

市区町村名などは現在のものに統一した

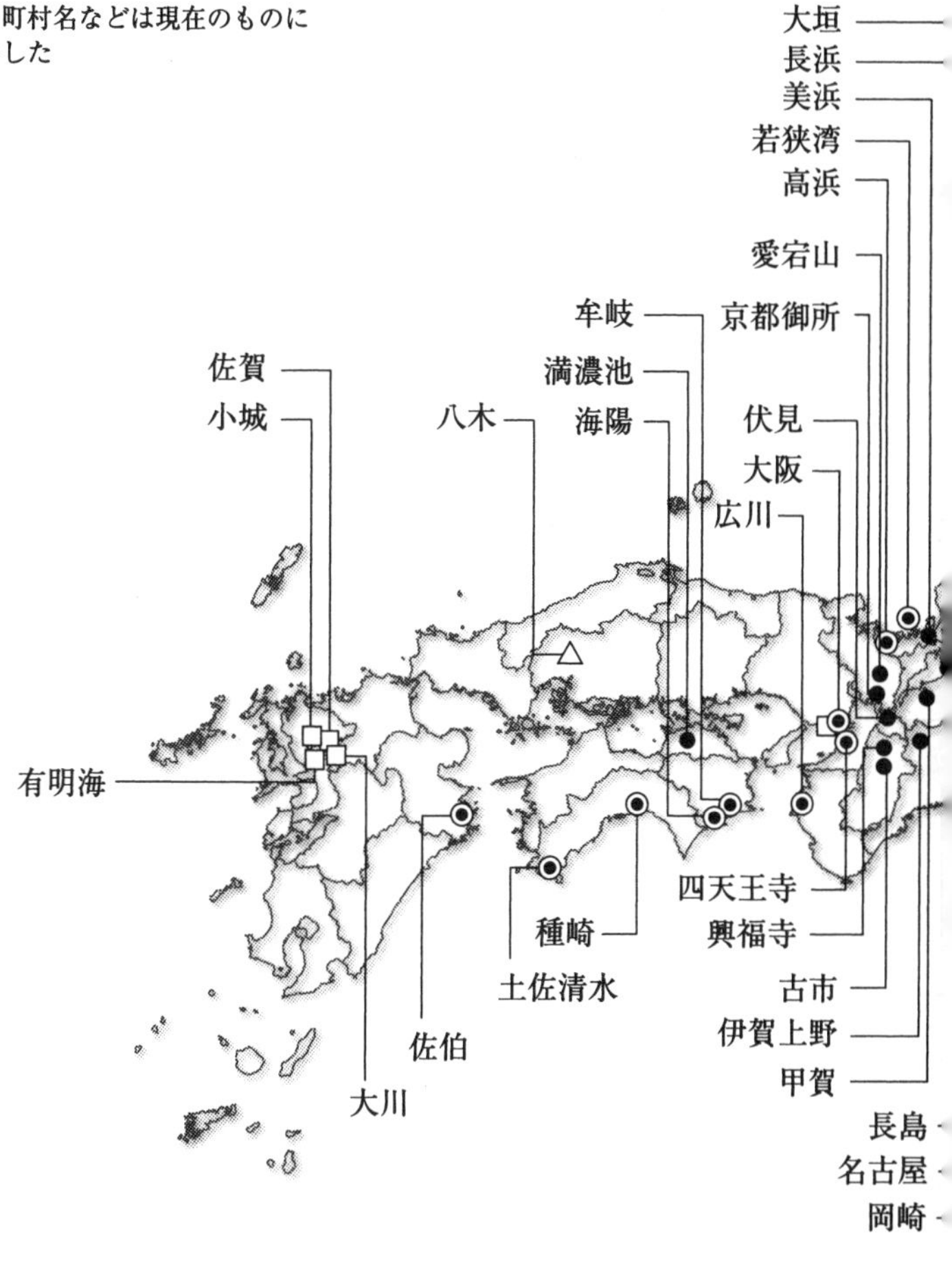

第1章

秀吉と二つの地震

1 天正地震と戦国武将

先人たちは地震発生時刻をどう測ったか

天正《てんしょう》地震は太陽暦、今のグレゴリオ暦でいえば、一五八六年一月一八日におきた。

発生時刻は、機械時計の普及していない時代であるから、当時の日記の記すところは、まちまちである。「亥刻《いのこく》」(『家忠《いえただ》日記』)とか「子《ね》の刻《こく》」(『当代記』)とか、とにかく、真夜中であったことは間違いない。本願寺顕如《けんにょ》の家臣宇野主水《もんど》がつけた『貝塚御座所《かいづかござしょ》日記』には「四半時過」とあり、奈良・興福寺の『多聞院《たもんいん》日記』にも「亥下刻」とある。

この二つが諸記録中、最も細かい刻みで発生時刻を記録しており、かつ一致しているから夜中二三時頃の地震であったとみるのが適当であろう。

時計のない時代、人間は太陽の位置で時刻を知った。ゆえに、晴れた日の日の出・日の入りや正午近くにおきた地震は発生時刻が正確に記録されるが、曇った日や夜中におきた地震は、発生時刻がよくわからない。一六六二年の夜中におきた寛文《かんぶん》京都地震の発生時刻を記録した古文書を二二例ほどみつけて比較してみたことがあるが、記録された時刻は実に三時間の開きがあった。

この国で、時計による地震発生時刻の記録がひろがるのは一七〇〇年前後から、との感触を得ている。一七〇七年の宝永《ほうえい》地震の時の対馬《つしま》藩（長崎県）の史料には「大坂から申し来るには、当月四日午《うま》の下刻（一二時半頃）に、かの地で激しい地震があり、時計二、三歩の間、揺れた」とある（『新収日本地震史料』第三巻別巻六二頁）。

江戸時代の大名時計の目盛りは一刻（約一二〇分）を一〇分の一に刻んだものが多い。最小の刻みで一二分前後。また、当時は一日二四時間を一〇〇分の一に刻んだ単位もあり、こちらは一四・四分。とにかく江戸時代には、大名時計のような機械時計で計測しても一二分以下の時間単位はなかった。分も秒もない世界であり、それを表現しようとすれば「距離にして〇丁歩む間」とか「茶を〇服たてる間」という他なかった。

さて、天正地震の当日は、京都では星が出ていた可能性は高い。翌日は「天晴」（『兼見卿記《かねみきょうき》』）と書かれている。

本願寺の貝塚御座所や興福寺多聞院で、どうやって地震の発生時刻を知ったのかはわからない。人間の体内感覚かもしれないし、たとえば、冬空のオリオン座「三ツ星」を眺め、時刻を推測できる天文知識があったのかもしれない。

ただ、寺院では香を焚《た》く。香の燃焼速度は意外に正確である。これを利用して、香の焼ける長さで時間を知る「香時計《こうどけい》」というものがあった。一昼夜三六時間燃えて時間の狂いは三〇分以内であるという（小野寺公二「香時計」『暮しの手帖』一九七〇年第六号）。実際、岐阜県郡上市《ぐじょうし》八幡町《はちまんちょう》の若宮家《わかみや》には、室町時代後期の香時計の現物が残っており、県の重要有形民俗文化財に指定されている。地震の揺れで香時計の香盤と灰が揺り飛ばされなければ、発生時刻を三〇分以内の誤差で正確に知ることができたであろう。

本願寺や興福寺といった寺院関係の記録のなかに、地震発生の時刻を「〇つ半」「〇下刻」などと、より細かい時間単位で記録したものが含まれるのは、こうした香時計の所持が関係している可能性がある。前近代社会では、身分による時間知識の差が絶大である。聖職者が鐘をついて時刻を下々の者に知らせる時間知識のエリートの地位を失った時こそが、近代社会の到来である。

山内一豊の愛娘の死

天正地震に襲われた戦国武将とその家族の姿をみたい。山内一豊《やまうちかずとよ》といえば、賢妻に名馬を買ってもらい、出世の糸口をつかんだ武将として知られる。この話は戦前には教科書にも載っており、司馬遼太郎《しばりょうたろう》氏が小説『功名が辻』で描いて、NHKの大河ドラマにもなったから、つとに有名である。しかし、この山内夫妻がたった一人の愛児を天正地震で失った被災家族であったことは、今日あまり知られていない。天正地震がおきた時、山内一豊は、近江《おうみ》（滋賀県）の長浜《ながはま》城主であった。

長浜城は豊臣秀吉がまだ信長配下で羽柴《はしば》秀吉と名乗っていた時分に築いた城であった。秀吉の強みは兵站《へいたん》・物資輸送にある。秀吉は水運の便を第一にして水辺に城を築くことが多く、土木に明るい彼は、松《まつ》杭《ぐい》を打ち込み、基礎を固めた。だが、この時代の技術では、水辺の軟弱地盤に築城するのは危険であった。長浜城も、琵琶《びわ》湖の水運を優先して無理に建てていた。

それが悪かった。一五八六年一月、旧暦の天正一三年一一月二九日の夜中、長浜城は激震に襲われた。地盤は沈み、城下町ごと崩壊した。悪いことに、城主の山内一豊が不在であった。秀吉の甥《おい》・秀次《ひでつぐ》の家老であったから京都に在り、妻と家老が留守を預かっていた。

山内一豊と妻のあいだには「およね」という数え六歳の女の子がいるだけで、この子をたいそう可愛がっていた。天正地震は、あろうことか、一豊の妻と、およねが寝ていた長浜城の御殿を一瞬にして、つぶした。

その悲惨な光景については、山内家家臣の功績録「御家中名誉」が克明に記している。真っ先に駆けつけてきたのは、家老の五藤市左衛《ごとういちざえ》門《もん》であった。この五藤の証言により、四三〇年近く前の戦国時代における倒壊建物からの救出作業の実態が今に伝わっている。

「一番に駆けつけたものの、暗すぎて何も見えない。そうするうちに、潰《つぶ》れた御殿の上から、奥様（一豊妻）のお声がして『市左衛門か？』とおっしゃった。急いで（『はい』と）答えると、（また奥様の声がして）『およねは？』とお尋ねになった」

山内一豊の妻は、崩れた御殿から辛うじて脱出し、漆黒の闇のなかで、愛娘《まなむすめ》を探し続けていたのである。しかし、戦国の世のことである。長浜城の石垣や壁は地震で崩れており、混乱に乗じ、夜盗が城内まで襲ってくる可能性があった。暗殺もありえた。余震も続いた。

そこで、五藤は「（およね様は）とても無事ではなかろう」と思ったが、一世一代の大嘘《おおうそ》をついた。「（姫様は）『まずは御無事』と、奥様に（嘘を）申し上げ、危なくない所に誘導した」のである。そのうえで五藤は「とって返し、お姫様（およね）のお部屋へ向かい、（崩れ落ちた）屋根を切り破ってみると、大きな棟木《むなぎ》が落ちかかり、下に（およね様は）乳母とともに息絶えて、倒れ伏しておられた」。

この時分の山内家は二万石（『武家事紀《ぶけじき》』）。足軽まで入れてようやく五〇〇人を超えるかという小さな家中と想像されるが「城内で（重臣の）乾彦作《いぬいひこさく》をはじめ数十人が相果」てた。「建物が潰れた下から出火した所も数々あり、火災で焼死した者も少なくなかった。家中の人数が駆けつけ漸《ようや》く消し止めた」とある。地震で建物が倒壊し、幼児など災害弱者の死に直面しながら、地震火災の消火を強いられるさまは、平成の世を生きる我々にとっても、まったく、他人《ひと》ごとではない。

娘の死後、震災孤児を慈しむ

人間の愛情は、地震をも、学問興隆のきっかけに変えることがある。

天正地震で長浜城が倒壊し、のちの初代土佐《とさ》藩主・山内一豊の愛娘およね六歳が圧死した話をしたが、この話には後日談がある。

地震の被害は城下にも及んだ。「長浜という城がある地に、人家千戸を数える町がある。（そこでは）地震が起り、大地が割れ、家屋の半ばと多数の人が呑《の》みこまれてしまい、残りの半分の家屋は、その同じ瞬間に炎上し灰燼《かいじん》に帰した」（『フロイス日本史』）。長浜城下の惨状は、宣教師によってヨーロッパまで伝えられている。

しかも、天正地震がおきた当日、太陽暦の一五八六年一月一八日は寒かった。岐阜県の大垣《おおがき》では「深雪、大地震」とある（『一柳家記《ひとつやなぎかき》』）。岡崎《おかざき》城（愛知県）も「雪降。大なへ（大地震）」（『家忠日記』）。富山県高岡《たかおか》市の木舟《きぶね》城でも「大地震にて木舟の城破裂。大雪・大水、城中に押し入」った（『寺社来歴』）。北陸から東海にかけて、屋根には積雪がかなりあり、戦国期の脆弱《ぜいじゃく》な建物の耐震性をさらに低下させていた可能性がある。

長浜でも武士町人が寒空に焼け出された。山内一豊の妻が「捨子《すてご》」をみつけたのは、その直後のことであった。およねを失い、愁傷ひとかたならぬ時、左右の者がいった。

「城の外で捨子をみかけました。藁《わら》の編みカゴに入れられ、短刀一口がそえてあったので、武士の子ではないかと」。一豊の妻は憐《あわ》れに思った。愛娘を失ったさみしさもあり、この男子を育てたくなった。拾ってこさせ、「拾《ひろい》」と名付け、養育をはじめたのである。

地震で乳を与える母が死んだのか、震災後の困窮か。捨てられた事情は皆目わからなかった。しかし、長浜は小さな町。やがて「あれは実は家臣の北村十兵衛正雄という者の三番目の子だ」という噂《うわさ》がきこえてきた。それでも、山内夫妻は拾を「実子のようにお慈しみ深く育て」た。はじめは「およねの供養になる」と思い、養ったのだが、だんだん情がわいてきて、一豊などは「俺には実子がない。丁度いい。養子にしよう」とまでいいだした。

だが、一豊は有力大名への階段を上りはじめる。家中の手前、甥がいるのに、拾に跡を継がせるわけにいかなくなった。山内夫妻は一〇歳になった拾と話し合い、拾を京都の妙心寺《みょうしんじ》に入れ、学問をさせることにした。学費として「黄金百枚」を用立てた（細川潤次郎『山内一豊夫人若宮氏伝』）。

拾は優れた学才をもっていたらしい。湘南宗化《しょうなんそうけ》という高名な学問僧となり、土佐藩を土佐南学で知られる学問藩にする貴重な人材となった。また山崎闇斎《やまざきあんさい》という大学者を育てた。のち山崎は会津《あいづ》藩主・保科《ほしな》正之《まさゆき》に仕え、同藩の学問レベルを大きく引き上げた。江戸初期は学者が少なく一人の存在が大きい。土佐・会津という幕末を動かした両藩の学問水準の高さは、山内夫妻の震災孤児支援と無関係ではない。

山内一豊の妻について、私は教訓じみた「馬買い」の話よりも、こちらの話のほうが、よほど知られるべきだと思っている。地震は不運だが、人の優しさで幸運のきっかけにも転化できる。震災後こそ、人の生き方が大切であると、つくづく思う。

家康の生き残り作戦

織田信長が本能寺の変（一五八二年）で殺されてからの四年間は、次の天下人を模索する過程だ。

天正地震は近世日本の政治構造を決めた潮目の大地震である。この地震がおきなければ、徳川家康は二カ月後に豊臣秀吉の大軍の総攻撃をうけるはずであった。兵力は秀吉のほうが圧倒的に優勢。家康は長《なが》久手《くて》の戦い（一五八四年）で、秀吉軍に一勝したものの、再び、秀吉が大軍で攻めてくれば、そう何度も「芸術的神業の勝利」を重ねるのは難しい情勢にあった。

家康は「滅亡」の可能性さえ視野にあった。それが証拠に「これはまずい」と感じた徳川家康屈指の知恵者で片腕の石川数正《かずまさ》が真っ先に裏切った。「十万石」を餌《えさ》に秀吉が寝返らせたとの噂に、家臣団は動揺した（「参州実録　御和談記」）。これが天正一三（一五八五）年一一月一三日のこと。

一八日、勢いにのった秀吉は、徳川攻めの前線基地となる大垣城に兵糧蔵を建てさせた。「塗屋《ぬりや》（土蔵）とし、五〇〇〇俵ほど入れ置け。川端の船着きに建て、まわりに堀を掘り、用心のよい場所にせよ」

「古米と新米を入れ替えよ」（「一柳文書」）。秀吉の指示は細かい。前線兵士に味の良い新米を食べさせる心配りまでしている。

翌一九日には、秀吉は家康追討を公言。「人数（軍勢）を出し、家康を成敗することに決めた。出馬の事だが、年内は日がないので、正月十五日以前には（徳川攻めに）必ず出陣する」（「真田昌幸《さなだまさゆき》宛秀吉書状」）。

戦争になると、家康は不利であった。秀吉軍の兵力は「毛利《もうり》・浮田《うきた》（宇喜多）・四国の人数が加わり、長久手の戦いの時の人数より多勢」になるのは確実（「御和談記」）。それで、家康は、娘の嫁ぎ先の大名・北条《ほうじょう》家から援軍の約束をとりつけていたが、他家の援軍はあてにならない。さらなる家臣の裏切りも怖かった。

この時家康が必死で考えた「生き残りの作戦計画」の一端をうかがわせる史料を先日、私はみつけた。江戸中期のものだから批判的検討が必要だが、興味深い。岸康贇《やすよし》「御年譜微考《ごねんぷびこう》」という書物に、家康が重臣と軍議をこらした内容が記されている。

「秀吉は心の荒い（動きが激しい）武将だ。近日中に尾州《びしゅう》（愛知県西部）に進駐するだろう。（味方が裏切らぬよう）はやく駿河《するが》（静岡県）・信濃《しなの》（長野県）は勿論《もちろん》、三河《みかわ》（愛知県東部）からも人質を取り、浜松城に置いて、鳴海表《なるみ》（名古屋市緑区）に進出。秀吉軍と対陣すべきだ」。家康は、本隊三万人前後を桶狭間《おけはざま》の古戦場となった鳴海あたりの丘陵地帯に配置し、秀吉軍を迎え撃つ腹づもりであった。

「秀吉は尾州に出張ってくれれば、例の如《ごと》く、土手を築き、柵《さく》をめぐらし、長（滞）陣に日を送るだろう。その時、井伊直政《いいなおまさ》ら（徳川別働隊）一万五千余で、美濃（岐阜県）の土岐《とき》・遠山《とおやま》に打って出て、岐阜・岩村《いわむら》辺の村々に放火し、敵を前後から包囲する」。もし負けても「山野の狩人・郷民のあぶれ者どもに弓鉄砲を多く持たせて立て籠《こ》もらせ」、ゲリラ戦を続ける。これが家康の作戦であった。

一見、もっともらしいが、この作戦は、かなり苦しい。秀吉軍一〇万の来襲が想定されるのに家康の兵力は四万強しかいない。家康にとって厳しい戦いがはじまろうとしていた。

地震に救われた家康

ところが、天正地震によって、この戦いは回避されていったのである。その様子をみよう。

天正一三（一五八五）年旧暦一一月二八日、徳川家康は、岡崎城で、豊臣秀吉の使者と激しくやりあっていた。家康が「わしがなぜ秀吉に従い、京都に上る必要があるのか」といえば、使者は「ならば、秀吉は大軍をもって攻めて来ますぞ」と脅した。秀吉は徳川討伐の進発期日を「正月十五日」と決めていた。

家康は強気を装った。「秀吉が大軍でも十万を超えることはあるまい。わしが三河（愛知県東部）、遠江《とおとうみ》・駿河（静岡県）、甲斐《かい》（山梨県）、信濃（長野県）五カ国の人数を集めれば、三、四万は来るだろう。潔く一戦するのは望むところ」と捨てゼリフを吐いた。しかし同時に、家康は秀吉に重要なサインを送った。「去年、長久手の戦いで、わしは秀吉麾下《きか》の有名武将たちを討ち取った。秀吉は怒っているだろう。（殺されるかもしれず）徒《いたずら》に京都に上れない」（「武徳大成記《ぶとくたいせいき》」）と本音を語ったのだ。

天正地震がおきたのは、この翌日の深夜（二九日）のことだ。家康は前日から援軍の礼状を伊豆韮山《にらやま》城（静岡県）の北条氏規《うじのり》に送るなど、終日、戦争準備に明け暮れ、眠りについたところで揺れを感じた。一方、秀吉の動静は、ヨーロッパ人宣教師フロイスが記している。「地震が起こった当初、関白（秀吉）は、かつて明智《あけち》（光秀《みつひで》）のものであった近江の湖のほとりの坂本の城（滋賀県）にいた。だが彼は、その時に手がけていたいっさいを放棄し、馬を乗り継ぎ、飛ぶようにして大坂へ避難した」。秀吉は震度五と推定される揺れに、家康討伐の準備を投げ出し、大坂に逃げ帰ったのである。

その後、秀吉のもとに信じられない報告が届いた。家康討伐の前線基地、兵糧米を入れておいた大垣城は「ことごとく覆り（震度六）、その上、出火。城中一家も残らず焼けた」（「一柳家記」）。徳川追討軍の先鋒《せんぽう》が期待されていた山内一豊の長浜城（滋賀県）も倒壊。圧死者多数、城下は火の海で出陣どころではなくなっていた。織田信雄《のぶかつ》の伊勢長島《ながしま》城（三重県）も「大地震で天守以下が焼け散り」、茶道具を取り出すので精いっぱいであった（「飯田半兵衛宛秀吉書状」）。

震度五〜六に達した近江・伊勢・美濃・尾張《おわり》では戦争どころではなくなった。合戦は敵地に近い者が先鋒となる。そこが大地震でやられ、秀吉は一夜にして前線基地を失った。一方、家康の領地・三河以東は震度四以下でほとんど被害をうけなかった。

この事態に秀吉が折れた。「我々は五畿内・中国・北国までも支配下に置いた。家康も戦いで勝利できるとは思っていまい。ただ命を大事に思い（殺害を）恐れて上洛《じょうらく》しないいだけだ。わしの妹を岡崎へ人質に入れれば、婿入りとして上洛するだろう。家康が上洛すれば天下の諸大名もすぐ上洛。天下太平になる」。事実、そうなった。

秀吉は地震の復興を待って、ゆっくり家康を攻め、徳川家の息の根を止めておくべきであった。そうすれば、徳川政権は成立せず、秀吉の愛児・秀頼《ひでより》の運命も変わった。秀吉が家康などの有力大名を武力で制圧していれば、近世日本はより中央集権的な国家になっていただろう。せっかちな秀吉はせっかちで成功し、せっかちで失敗した。家康は天正地震に助けられ豊臣政権下でナンバー2の座を確保。次につなげた。大規模な地震災害は、誰がどんな国家を作るか、大きな歴史の流れにまで影響することがある。

若狭湾を襲った津波

一五八六年の天正地震が福井県の若狭《わかさ》湾に津波をもたらしたことは、忘れてはならない。

若狭湾は「原発銀座」とよばれ、原子力発電所が多い。旧原子力安全・保安院は「若狭湾沿岸における天正地震による津波堆積《たいせき》物調査について」(二〇一一年一二月二七日)という報告書をインターネット上に公開し、「仮に天正地震による津波があったとしても、菅《すが》湖及び水月湖《すいげつ》には至らず、久々子《くぐし》湖に海水が流入した程度の小規模な津波であったものと考えられる」との評価を下している。美浜《みはま》原発まで一二キロ程度の湖に津波の影響が及んだ可能性は認めるものの、それは小さいとする。原発事業者が調査した結果、天正地震の津波堆積物は発見できなかったというのだが、この種の調査は利害関係のない第三者の調査が必要だろう。

津波の大小は原子力発電所への影響の有無で判断すべきだが、果たして、この津波が小規模な津波であったかどうかは、次の古文書などを読んで判断していただきたい。ヨーロッパ人宣教師フロイスはこう書いている。

「若狭の国（福井県）には海に沿って、やはり長浜と称する別の大きい町があった。そこには多数の人々が出入りし、盛んに商売が行われていた。人々の大いなる恐怖と驚愕《きょうがく》のうちに、その地が数日間揺れ動いた後、海が荒れ立ち、高い山にも似た大波が、遠くから恐るべき唸《うな》りを発しながら猛烈な勢いで押し寄せてその町に襲いかかり、ほとんど痕跡《こんせき》を留《とど》めないまでに破壊してしまった。高潮が引き返す時には、大量の家屋と男女の人々を連れ去り、その地は塩水の泡だらけとなって、いっさいのものが海に呑みこまれてしまった」

現在、福井県に長浜という町はない。東大地震研究所が編んだ『新収日本地震史料』はフロイスのいう「長浜」は「高浜《たかはま》」の誤りではないかとしている。高浜には、高浜原発が立地する。

京都の公家・吉田兼見《よしだかねみ》の日記にも若狭湾の津波の記述がある。「丹《たん》後《ご》・若州《じゃくしゅう》・越州《えっしゅう》、浦辺《うらあたり》、波を打ち上げ、在家ことごとく押し流す、人死ぬ事数知らずと云々」。丹後半島から福井県沿岸のかなり広い範囲の海岸を津波が襲い、人家をことごとく押し流し、数知れない死人が出たという。

歴史地震学者は長年の調査から経験的に、江戸時代以前の人家は二メートル以上浸水すると、ほぼ流失することを知っている。たとえば、標高二〜三メートルの海辺に人家が並び立つ漁村の場合は、それが「ことごとく押し流された」となると、四〜五メートル以上の津波が襲ったと推定する。このような考え方で津波の高さや浸水深を考える。

場所を若狭湾と特定していないが、天正地震が津波をともなったことは、『豊鑑《とよかがみ》』でも確認できる。俗にいう「秀吉の軍師」竹中半兵衛の子・竹中重門《しげかど》が書いた豊臣秀吉の伝記だ。「伊勢《いせ》、尾張、美濃、近江、北陸道分てありけりとなん、浦里（漁村）などは、さながら海へゆり入り、犬鶏などの類まで跡なくなりし所所ありとなん」。江戸の知識人には知られた記述らしく、幕臣・宮崎成身《せいしん》も『視聴草《みききぐさ》』にこの記述を筆写している。

正確な情報をもとに、原発が安全か危険かを判断し、その将来を決めるのは、役所でも電力会社でもなく、有権者たる我々自身だから、しっかりみて判断材料にしていただきたい。

2　伏見地震が終わらせた秀吉の天下

伏見城崩壊、多くの美女が圧死

豊臣秀吉は地震に遭ってほとんど死にかけた。一五九六年の伏見《ふしみ》地震であり、その様子は古文書にこと細かに記されて今に残っている。地震がおきたのは残暑の厳しい太陽暦で九月五日の真夜中であった。秀吉は裸で寝ていた。かたわらに女がいたかどうかはわからない。愛児の秀頼は秀吉の側《そば》にいた。激震に襲われ、御殿が崩れる！　と直感した秀吉は「地震の起きるや、急に幼児（秀頼）を抱き走り出」た（『日本西教史』）。「裸で逃げながら辛うじて潰屋の下に命を助かった」（『増訂大日本地震史料』）。

日本にいた宣教師がローマ教皇庁に上げた報告である。秀吉が秀頼を抱き上げてすばやく外に出たのは正解であった。「太閤殿下（秀吉）

の平生起臥《きが》した部屋は格別に広大美麗ではないが、これもしばらく揺れた後、ついに破壊」された（『日本西教史』）。

秀吉は伏見城が崩壊していくさまに茫然自失。「不屈だった彼も初めて恐怖を味わい、自ら厨房《ちゅうぼう》に逃れて一杯の水を求めた」（『日本二十六聖人殉教記』）。伏見城は台所一棟を残して全壊してしまった。「天守も上の二重（二階分）が揺り落とされ」無残な姿をさらしていた（「板坂卜斎《いたさかぼくさい》覚書」）。

秀吉は庭で待つしかなかった。真っ先に駆けつけてきたのは、細川ガラシャの夫・忠興《ただおき》であった。「太閤は帯を解きひろげた状態で出てきて『与一郎《よいちろう》（忠興）早かったな』」といったという（「細川家記」）。

続いて、加藤清正《きよまさ》が到着。「太閤は女の装束で政所《まんどころ》様（正室）・松の丸殿（側室）・孝蔵主《こうぞうす》（正室首席秘書）そのほか上臈《じょうろう》（高級女官）のなかに座っておられた」（「続撰清正記《ぞくせんきよまさき》」）。時代の下る史料だが、秀吉が女中の着物を羽織ったような状態で、秀頼を抱き女たちのなかで助けを待っていた。

実はこの時、伏見城は日本地震史上最も悲惨な被災現場になっていた。当時の伏見城は「指月《しげつ》の岡」といって、現在のJR桃山駅の南にあった。今は近畿財務局の公務員宿舎と観月橋《かんげつきょう》団地になっている。東西五〇〇メートル、南北二五〇メートルの敷地である（山本雅和「伏見・指月城の復元」）。なんともタイミングが悪く、秀吉はこの狭い敷地に、美女たちを集めていた。というのも秀吉は朝鮮半島で中国（大明《だいみん》帝国）と交戦中であり、大明皇帝の使者を迎えていた。中華皇帝の紫禁城《しきん》に劣らないほどの軍勢と美女をそろえ、使者に見せて度肝を抜くつもりだった。

そこを地震が襲った。美女をおしこめた長屋は御殿よりも粗末なつくりで、全壊した。「この時、女たちは圧死する。地震にうたれ、人を見かけては『助けたまえ』と声々に呼んだ」が細川や加藤はまず秀吉の安否を確認せねばならず、「聞き捨てにして、その前を通った。不憫《ふびん》であった」と記録されている（「細川家記」）。

圧死者数は五〇人（「伊達治家記録」）から女性七〇〇人（『日本西教史』）まで、まちまちだが数百人は下るまい。当時の京都の人口は一六三四年の「京都御役所向大概覚」などから四〇万人前後と推定されるが、伏見地震は京都市中だけで「死人の数四万五千」にのぼった

（「地震雑纂《ざつさん》」狩野《かのう》文庫）。

そして美女狩りがはじまった。秀吉は奉行の前田玄以《まえだげんい》を呼び「死んだ侍女奴婢《ぬひ》の代わりに京・大坂・当地（伏見）の遊女から容顔の優れたのを採用し、近日、異国の使者が来たら、お酌をさせよ」（「同前」）と命じた。

伏見城の耐震化

伏見地震で、豊臣秀吉が命からがら倒壊する御殿から逃げ出し、城内に集められていた美しい女たちが何百人も圧死した。「宮女四百余人が尽く《ことごと》圧死。関白はかろうじて自分で難を免れた」と、朝鮮の書物「再造藩邦志《さいぞうはんぽうし》」にはある。伏見城の悲劇は海外にも広く知られた事件であった。ただ、女たちが圧死したのは天守ではない。伏見城の二の丸だ。当時、京都の朝廷にいた壬生孝亮《みぶたかすけ》の日記には「伏見二の丸の女房三百人余りが地震により失命した」と書かれている。彼女たちは、城内の長屋で寝ていたところを地震に襲われたと考えられる。

大きな武家屋敷には奉公人や女中を住まわせる長屋がある。地震の時、一番に倒れるのが、この長屋だ。江戸時代になって大名屋敷が地震で被害をうけた時も「殿様の御殿は半壊。奉公人の長屋は全壊」というのが多い。伏見地震でもそうで「伏見中にて家長屋つぶれ、死人は数しらず」と、徳川家康の侍医が書いている。事実、徳川家康の屋敷でも「二階（建て）の長屋が潰れ、加賀爪隼人《かがづめはやと》（禄高三千石）が死んだ」（「板坂卜斎覚書」）。

松平家忠の日記には「伏見の殿中・殿舎が倒れ崩れた。これにより、上﨟女房七十三人、仲居・下女五百余人が横死した」とある。殿中は御殿、殿舎は御殿に付属した長屋などの建物である。長屋のほうが軽いが造作がいいかげんで地震に弱い。

この時代、これまで板葺《いたぶき》などであった簡易な建物にも瓦《かわら》が普及しつつあった。柱の骨組みの強度がそれに追いついていなかった可能性がある。瓦業者の方も本書を読むと思うので誤解のないようにいっておく。建物の上部は耐震設計では軽いほうが一般には有利である。現代の建築技術で建物強度を高めておけば、瓦はすぐさま危険になるものではないが、瓦が重い場合には下支《ざさ》えの強さが要る。

また大工の技術も重要である。天皇の御所ともなれば、大工の技術がたいしたもので、瓦をわざと釘《くぎ》でとめていない。この時も地震発生とともに、御対屋・女御御座敷《にょうごおざしき》・御台所の瓦はことごとく落ち、建物は倒れなかった。

しかし、普通の建物では、そううまくはいかない。醍醐寺三宝院《だいごじさんぼういん》の「文禄《ぶんろく》大地震記」にはこう書かれている。「今度の地震で（建物が）顚倒《てんとう》したのは、瓦葺ゆえ、ときいた。どこでもこの様子である。伏見御城も瓦葺を御禁制にする御触れ（が出た）ときいた」。

秀吉は伏見城の再建にあたり、瓦の使用を禁止したのだろうか。

この時再建された伏見城の姿は、名古屋市博物館に寄託された「洛中洛外図《らくちゅうらくがいず》」で知ることができる。これをみると、なるほど、天守や櫓《やぐら》など耐火性が求められる軍事施設は瓦葺だが、御殿は檜皮《ひわだ》葺か、こけら葺。長屋は板葺だ。秀吉はよほど建物の耐震化を徹底したらしい。かなり時代の下る史料だが、「伊達秘鑑《だてひかん》」には、秀吉が「地震ほどおそろしきものはなし、と言い、御殿の柱を例えば二本は礎石の上、三本は土中に五尺（一・五メートル）掘り入れ……専ら地震用心の造作にした」ことがみえている。ただ、この伏見城はやはり火に弱く、関ケ原前夜に甲賀《こうが》忍者が放った火で燃えあがり、あっという間に落城した。

上杉家・菊姫の怪力

上杉景虎《かげとら》（謙信《けんしん》）は美少年と酒を呑むのが好きであったと史料で知られているが、上杉家の家庭は興味深い。

伏見地震の時の史料に、どうしても気になるものがある。武田信玄《しんげん》の娘で、上杉景勝《かげかつ》（謙信の養子）の正室になっていた菊姫《きくひめ》という姫のことである。「藤林《とうりん》年表」という江戸中期に編まれた史料にある話だから、真偽のほどは定かではない。しかし、この史料を編んだのは、中《ちゅう》条備資《じょうまさすけ》という上杉家代々の重臣で九〇〇石もの禄を食《は》んだ武士。創作ではなく、なんらかの根拠や言い伝えがあって記録されたものと考えられる。

伏見地震がおきた時、豊臣秀吉の伏見城は殿舎が全壊。女中が倒壊した建物から出られず何百人も圧死したが、この時、上杉景勝の伏見屋敷も地震に襲われた。門楼（長屋門など）が倒れたが、下男下女まで一人もけががなかった。女中たちがたくさんいる、奥向きの長局《ながつぼね》

(女子寮)も地震で崩れた。ところが奇跡的に犠牲者が出なかった。

それには秘密があったらしい。地震がおきた時、景勝公の正室・菊姫が大活躍をした。地震がはじまると、長局が揺れで倒れそうになった。女中たちはパニック。その時である。菊姫は正室であるにもかかわらず、何を思ったか、立ち上がり、長局の出口の梁《はり》を、ぐっとつかんで、抱きかかえ、大音声《だいおんじょう》で叫んだ。

「女中ども、出よ。出よ」

驚くべき、怪力であった。女中たちは、正室が出口の梁を支えて鬼の形相で叫ぶ下を通って、次々と脱出。全員が脱出したのを確認して、菊姫が「御手を放さるる」と、そのまま、長局は倒れた。もちろん、菊姫も無事。

「誠に、大力量であるのを諸人は見上げ奉った。さすがに、武田信玄の娘だと、賞賛・感嘆した」

しかし、菊姫は、日常は、一向にこんな力を出したことはなかった、とも記録されている。

――火事場の馬鹿力

ということが、昔から言われるが、そのたぐいであろう。平常時、人間はその体を守るため、ちゃんと脳にあるリミッター（制限装置）が働いて、限度をこえた力を出さないようになっている。しかし、命にかかわる事態になると、そのリミッターがはずれる。これが火事場の馬鹿力の一応合理的な説明とされている。

しかし、菊姫は元来、怪力の持ち主であったらしい。「藤林年表」

はこう追記している。

「甲州（武田家）より、菊姫様が御輿入《おこしい》れになったみぎり、（景勝公と菊姫が）御夫婦様で囲碁をお慰みに打たれていた。その時、景勝公が悪い手をうってしまった」。盤面をよく見せてくれ、いや見せない、と夫婦げんかのようになってしまって、その時、初めて、菊姫が怪力を発揮した。菊姫は重たい四足のついた碁盤をのけようとした。なんと「菊姫様は碁盤の足を、左の手で持ってのけ」た。「片手で軽々とお持ちになったのを、景勝公ははなはだ心に込められ（トラウマになって）、それから何のお慰みごともしなくなり、自然と夫婦仲が睦《むつ》まじくない状態になった。それだけでお力量がばれてしまったのに。このたびのお仕業は大力士というべし」。

こんなことが本当にあったのだろうか。地震の時に梁を支えるなど、良い子は絶対にマネをしてはならない。

大仏に弓引く秀吉

伏見地震後、本当に、豊臣秀吉は京の大仏に向かって弓矢を射たのかを考えている。

秀吉には神仏への「犯歴」がある。まず一五九〇年に奇妙な通行手形をだした。宛先はなんと竜宮城《りゅうぐう》。「(俺の船は)無難に通すべきものだ。竜宮殿」とあった(「理斎《りさい》随筆」)。さらに一五九七年、養女の豪《ごう》姫にキツネが憑《つ》いた時、稲荷大明神《いなりだいみょうじん》を恫喝《どうかつ》した。

「滅多なことをしたら社《やしろ》を即時破却。日本中で毎年狐《きつね》狩りをして狐類を絶滅させる」。伏見稲荷にそんな書状を出している。だから何をやっていても不思議ではない。

「おのれを神仏の上に立つ絶対者としたのは織田信長」とのイメージがあるが、実は、秀吉こそ、この信長思想を受け継ぎ忠実に実行した男であった。戦国が終わったのは、天下人という絶対権力の中心が生じ、日本国内に「おさえこみの力の強さ」を示したからで、この時代、天下人の力は神仏の力を圧倒し超絶していた。

伏見地震で、「京の大仏」は壊れた。秀吉が京都方広寺《ほうこうじ》に建立した像高六丈（一八メートル）の仏である。奈良の大仏（一五メートル）より大きかったが、金銅製の奈良の大仏とは違い、「木をもって骨となし、その上を漆喰《しっくい》で塗り、そのうえに漆をかけて金箔《きんぱく》を悉《ことごと》く押」した仏像で、大地震に揺られると「氷たる壁のごとく」割れて壊れた。「左の御手はくだけ落ちる。御胸も同様」(『文禄大地震記』)。ところが不思議なことに、大仏殿は建物の柱が二寸(六センチ)ほど地中にめり込んだだけで無事であった(『言経卿記《ときつねきようき》』)。

秀吉は大仏に怒りをぶつけた。「大仏殿は破損し、仏像も破壊した。太閤(秀吉)はそこにやってきて破壊された仏体に向かい怒っていった。『仏を安置したのは国家の太平を思ってのことだ。しかるに、今、自分の身体も保つことさえできないとは。(こんな仏に)守護の何のご利益があるというのか』。そういって、みずから弓矢をとって(大仏を)射た」。

このような記事が東北大学狩野文庫所蔵「地震雑纂」のなかに「慶《けい》

長記《ちょうき》」という書物の引用として出てくる。馬場信意《のぶのり》「朝鮮太平記」（一七〇五年刊）は実録小説のようなもので脚色してあるが、やはりこの話がでてくる。

秀吉が大仏を「にらみ、伽藍《がらん》に響き渡る大音声をあげて、『大仏像を安置したのは国家の安泰のためだ。余は若干の金銀をなげうち、奈良の大仏を模して数年かけて完成させた。その志も思わず、おまえは図体《ずうたい》が高いのにも恥じず、一身を保つことさえできず、裂け砕けるとは、何たることか。おまえのような役立たずの仏を余は信じない』と、言いたい放題に悪口して、仏像に向かい、弓を引き絞り、発射した。お供は手に汗を握り、バチが当たらぬかと思った」。

京の大仏が壊れたのは、秀吉が金をケチって金銅仏に造ってあげなかったためで、大仏のせいではない。のちに、秀吉の子・秀頼が莫大な費用をかけてこの大仏を金銅仏にした。大仏殿も再建。それで大坂城の軍資金は減った。しかもこの寺に新造した釣り鐘の銘「国家安康君臣豊楽」に難癖をつけられ、徳川家康に戦争をしかけられ、豊臣家は滅びた。徳川は豊臣の威光をしのばせるこの大仏を鋳つぶし、寛永《かんえい》通宝《つうほう》にして全国に流通させてしまった。徳川幕府も、神仏の上に立つ信長思想の忠実な継承者であった。

武将たちの本心、地震で露呈

伏見地震で豊臣秀吉が被災した時、秀吉のもとに一番に駆けつけてきたのは細川忠興という大名。これは多分にゴマすりで、救助隊は連れず、一人で疾走してきた。案の定、細川は秀吉が死ぬと、手のひらを返して徳川家康にすりより、秀吉の子・秀頼を殺す大坂夏の陣では先鋒を希望し、豊臣を猛烈に攻めた。

対照的なのが加藤清正。秀吉の怒りを買い謹慎中であったが、秀吉の身を真心から案じていた。加藤は秀吉と同じ村の出身で親戚である。加藤は足軽二〇〇人に梃子《てこ》を持たせ、秀吉救出の準備をしたうえで倒壊した秀吉の御殿に駆けつけてきた。だから細川におくれ、二番目に到着。のち加藤の家は取り潰され、徳川幕府はその領地、肥後熊本五四万石を細川の家に与えている。

他の大名は、どうであったか。地震の夜の徳川家康と最上義光《もがみよしあき》（出《で》羽《わ》山形城主、伊達政宗の伯父）の動きは興味深い。当時、秀吉を最も憎んでいた大名が、最上である。理由があった。最上の娘は東北一の美少女であった。噂がきこえ、秀吉の甥・関白秀次の側室にしぶしぶ差し出したら、直後に秀次が失脚。あろうことか秀吉は、まだ一五歳のこの娘を、牛車で市中を引きまわしたうえ三条河原で他の側室ら三〇余人とともに処刑。しかも遺体を引き渡さず、大穴に遺棄し、「畜生塚」と名付けた。最上の妻は娘を殺されたショックで一四日後に死去。最上は最愛の妻子をほぼ同時に失った。

それが一年前。だから最上は地震がおきても、秀吉のもとに駆けつけなかった。「諸将は秀吉に馳《は》せ参るうち、(最上)義光は裸馬に乗って家康公の御館へ馳せ往き『今は物騒だ。(秀吉見舞いの)登城は必ずご無用。万一の事があってもこの(最上)出羽守がお側にいる。ご安心を』といった」。幕府が作った家康史料集「朝野旧聞裒藁《ちょうやきゅうぶんほうこう》」にある「時代記」の記述だ。

それだけではない。同じく「慶長甲寅之記」には驚くべきことが書かれている。地震直後、家康の屋敷に地震見舞いに来たのは最上出羽守（義光）と南部《なんぶ》信濃守（利直《としなお》）で、こういって帰ったというのである。「太閤（秀吉）は（倒壊した御殿から）脱出できなかったと存ずる。これは日本の者の為でもある。まだ異国（朝鮮）も鎮まっていない。夜が明けたら揺れも止まるだろうから、夜明けまでに（家康公が屋敷を）御出になるのはご無用です」。最上らは家康にそう進言した。事実、家康は暗いうちは、秀吉のもとへ駆けつけようとしなかった。最上のいう闇討ちを恐れたのであろう。

秀吉もまた家康を恐れた。払暁《ふつぎょう》、家康が秀吉の見舞いに向かうと、大手門前に石田三成《みつなり》以下の五奉行が勢ぞろい。城に入ろうとする家康に「見舞いの衆はここで追い返せとのご命令です。お供の衆は大勢無用」と、つっけんどん。結局、家康に同行を許されたお供は「侍衆三人程、挟箱《はさみばこ》持・草履《ぞうり》取ばかり」（同前）。秀吉と家康の微妙な関係がうかがえる。

一方、秀吉は前田利家《としいえ》は信用していた。「大納言様（利家）お一人は、何の構いもなく、お城へ入れ」、抱っこしていた愛児の秀頼を渡している（「利家夜話」）。実際、秀吉死後は利家が秀頼をかばって家康と対立した。災害時は人間の本音が露《あら》わになる。伏見地震時の武将たちの行動をみると、彼らの本心がよくわかる。豊臣方か徳川方か、地震は見事に暴き出している。

豊臣政権崩壊の引き金に

地震は大地だけでなく政治も動かす。教科書にはない真実を書いておく。豊臣政権の崩壊は、実は伏見地震が引き金になっている。地震のせいだけではないが、地震後のかじ取りのまずさで豊臣家は滅亡した。

地震時、豊臣政権下の大名たちは朝鮮出兵で疲れ、困窮して、不満をつのらせていた。このままでは甥の関白秀次に政治の求心力が移る。秀吉と石田三成はそれを警戒した。先手を打って、秀次とその妻子側近をまるごと処刑。それで家族を殺された大名が続出。多くの大名たちが朝鮮出兵の不満とあいまって、秀吉・三成に怨《うら》みの目を向けた。

そこへ伏見地震がきた。ところが、秀吉は地震で崩れた自分の居城＝伏見城をもっと豪華に再建せよ、同時に、朝鮮に再度攻め込めと命じた。

徳川の天下取りの過程を検証した書物がある。「創業記考異《そうぎようきこうい》」。紀州徳川家から幕府に献上された。これには、「朝鮮征伐（原文）が起きて武士領民が大いに苦しむ中、さらに伏見城の再建で困窮して、悉く豊臣氏の滅亡をこいねがわない者はなく、人望は自然に神君（徳川家康）に帰した」とある。

豊臣から徳川へ人心が移りはじめたきっかけは地震であった。地震後、せっかく明との講和がまとまりかけたのに朝鮮に再出兵するといいだした秀吉に人々はあきれた。この時期の徳川家の動向を記した「天元実記《てんげんじっき》」はこう書く。「京・伏見では、実に浅野長政《ながまさ》（秀吉の義兄）がいったように、太閤（秀吉）は狐か狸《たぬき》でも取り憑《つ》いたと見える、と貴賤《きせん》ともに、ささやき嘲《あざわら》った」。

地震で完全に政治の潮目が変わった。家康の側近・米津清右衛門《よねきつせいえもん》の妻が夢の中でこんな和歌をみたといいだした（同前）。「盛りなる都の花は散り果てて、東《あずま》の松ぞ世をば継ぎける」。京都の豊臣政権が花と散り、関東の松平＝徳川が天下を継ぐ、という意味である。秀吉から人心が離れるにつれ、徳川の家中に、天下は奪える、秀吉は倒せる、というやる気が生じた。

伏見地震直後、徳川家内部で、秀吉を急襲して殺害する計画が練られたふしがある。

「伏見の城、大地震の時、秀吉は小屋に蟄居《ちっきょ》していたので『(秀吉を)討てば、すぐに成功する』と進言する者がいたが、(家康がこの作戦を)いささかも許容せず『天下を治めるのは、私の計略（小細工）では叶《かな》わない』といった」

私はこの記録を国立公文書館のなかでみつけた。徳川家譜代の「前《まえ》橋《ばし》（酒井家）旧蔵聞書《きゅうぞうききがき》」に書かれており、それなりに信憑性《しんぴょうせい》のある史料だと感じていたので鳥肌が立った。伏見地震時に、家康は家臣と秀吉殺害計画を謀議したが、明智光秀の末路をみていたから、実行はしなかったのだろう。

当時はまだ前田利家など有力なライバル大名が健在。下手に秀吉暗殺などすると、徳川討伐の大義名分をライバルに与え、かえって天下を奪われるかもしれなかった。健康に自信のある家康は、もうろくした秀吉をむしろ温存して豊臣政権の弱体化をすすめ、その病死を待って崩壊させたほうが得策と考えた。大地震の夜、家康の仏頂面は余震に揺られながらそんな思案をしていたものと思われる。ともかくも地震でゆさぶられた天下は、彼の手中に転がりこんだ。

第2章

宝永地震が招いた津波と富士山噴火

1　一七〇七年の富士山噴火に学ぶ

三保の松原への津波

富士山が世界文化遺産に登録された。自然遺産でなくて文化遺産というところが面白い。ただ富士山につきものの「三保松原《みほまつばら》」（静岡市清水区）は登録資産から外すのが一時条件になったが、さすがに国際機関のほうでも思いなおしたらしく、三保松原も込《こ》みで世界遺産になった。

加藤嘉明《よしあき》という戦国末期の武将は、富士山の形をした兜《かぶと》をかぶり、鎧《よろい》には三保の松原・羽衣《はごろも》の松の天女があしらってあった。この通り、日本人にとって富士山と三保の松原は切っても切り離せない。

その三保の松原だが、防災の面でも私が頭を悩ませている場所の一つである。一七〇七（宝永四）年の宝永津波に襲われた土地なのだが、記録が乏しく断片的で、その津波の高さの推定が難しく、一年間、研究してみたが、いまだに結論が出ない。

一応、先行研究はあって、調査もしっかりされている。「村中用事《むらなかようじ》覚《おぼえ》」という記録に宝永津波の記述があり、「札《ふだ》の辻《つじ》下まで、波上がり、村中の男女も御宮（御穂《みほ》神社）へ逃げ、三〜五日は帰らなかった」と書いてある。「札の辻」の下まで津波がきたというのだから、この「札の辻」を探せばよい、と津波学者が郷土史家の協力を得て、その場所を特定したら現在の標高が三・九メートルであった。それで三保半島における津波の遡上高《そじょう》は三・九メートルとされてきた。

この研究成果はきちんと科学的な検証の手続きを踏んでいると思う。しかし、歴史学者としては、それでも一抹の疑問がぬぐいきれない。なぜなら、この「村中用事覚」には、こうも書いてあるからだ。「間崎は村も（木が）茂り、三尺四尺（九〇～一二〇センチ）まわりの木が高さ壱丈（三メートル）あまり沈み、穂先ばかりが見えた」。

間崎は三保半島の突端、真崎《まさき》のことであり、樹木が茂った村があって、その幹回り九〇～一二〇センチの樹木が三メートルも沈んで、木の穂先ばかりがみえたというのである。現在、この真崎村があったあたりは平均して標高が二メートルくらいである。さらに、安政《あんせい》南海地震（一八五四年）で一メートル近く沈降したから、当時はもっと地盤が高かった。五メートル近い波高でないとこの現象はおきない気がしてならない。三保半島の付け根の内湾では四メートルぐらいの波高であったかもしれないが、外洋に突き出た岬の突端などでは五メートルを考えなくてはいけないかもしれない。

伝承にすぎないのだが、実は、もう一つ、この地域には津波の高さの手がかりになる記録がある。「いるか松」といって、宝永津波の時に大イルカの死骸《しがい》が引っ掛かった松が、対岸の旧清水市中心部にあったというのである。

私は、この伝承は捨て置けないと思い、すでに失われたこの「いるか松」を探した。松は一九一七（大正六）年時の写真があるだけで現存しなかった。「旧清水郵便局（現在の清水産業・情報プラザ）の南側」との情報を得て、聞き込みをすると、静岡市清水区万世町《まんせいちょう》二丁目一〇番地と判明。その地の果物店の老婦人が正確な場所と生えていた丘のおよその高さを覚えていた。

標高一・八メートル地点にうさぎ山という一・八メートルほどのマウンドがあり、松はそこに生えていた。宝永津波当時、樹齢五〇年。イルカのかかりそうな枝は根元から二メートルは必要。一・八メートル＋一・八メートル＋二メートル＝五・六メートルで、どうも五メートルを超えなければイルカはかからないと感じたのを憶《おぼ》えている。

江戸の庶民が記録した半月間の降灰

富士山が世界遺産になったからか、「富士山は噴火するのか」と、よく聞かれる。それはわからないが、過去の噴火パターンなら、少しはわかる。最後の大々的な噴火は一七〇七年。旧暦一〇月四日に宝永地震がおきて激震と大津波が太平洋岸を襲い、その直後、一一月二三日に富士山が噴火した。

私は、この宝永噴火の記録を探したことがある。静岡県庁近くの歴史文化情報センターに行って古文書をみていたら、「寿栄公御遺訓《じゅえいこうごいくん》全」という史料が出てきた。一七三八（元文《げんぶん》三）年に今の浜松市西区雄踏町《ゆうとうちょう》山崎にいた豊田九右衛門《とよたきゅうえもん》という男が、子孫に自分の人生経験を語り残したものだった。夢中になって読んだ。九右衛門が体験した宝永地震と津波、さらに富士山噴火のことが書いてあったからだ。

「宝永四年亥《い》の十月四日、昼の九つ時（正午頃）に大地震。高山がさけ、大地がさけ、自分の屋敷、上の山組屋敷、土蔵が押しつぶされたが、家内の者に一人もけがはなく前の畑へ逃げ出した。しばらく過ぎ、津波が打ち上げてきたので山へ逃げ上った」

これほど臨場感にあふれた記述もない。建物の倒壊からのがれ、さらに津波に追われて坂を逃げ登った恐怖が伝わってくる。

それから四九日後、富士山が大噴火した。九右衛門は書いている。

「同月（翌月の誤り）二十三日、富士山が焼け、おびただしく、こくう（虚空）鳴り響き、その夜、五つ時（八時頃）、東の方に火出《い》で空を飛び散り、何とも知れず、ただ火の雨降り、世界も今滅するかと、女・わらんべ（童）なき騒ぎ申し候《そうろう》」。

宝永の富士山噴火をみた女性や子どもは、この世の終わりかと思い、泣き叫んだのである。

富士山噴火はたくさんの史料が残されているが、江戸人の観察眼はたいしたものである。とくに感銘をうけるのは愛知県田原《たはら》市で書かれた「金五郎日記歳代覚書」である（『新収日本地震史料』第三巻別巻所収）。

「富士山と足高山《あしたかやま》（愛鷹山《あしたかやま》）の間に、須走《すばしり》と言う所に、火穴（噴火口）があき、それより火災が吹き上げた。富士山より三倍の高さに見えた」

江戸時代の庶民の知的水準は高い。金五郎の記述はきわめて科学的だ。富士山腹に宝永の噴火口があき、富士山の三倍の高さ一万一〇〇〇メートル付近まで、火炎が吹き上がるのが見えたという。火山灰が降った範囲や期間も記す。

「この火炎に土砂が混じり、西風が毎日吹き、これにより、東国へ砂が降り、富士より東七カ国が潰れた（甚大な農業被害が出た）。江戸も砂の厚さ四、五寸（一二〜一五センチ）も積もった。火穴近所の村里は砂の厚さ一丈（三メートル）も積もり田地はもちろん村里が潰れた」

江戸の降灰を金五郎は一二〜一五センチとするが、環境防災学の故・宮地直道氏の研究では三〜四センチ。火山灰は南関東一円を覆った。三重県尾鷲《おわせ》市の「念仏寺過去帳《ねんぶつじかこちょう》」には「長子まで灰砂ふり」とある。千葉県の銚子《ちょうし》まで砂が降ったのだろう。「右の砂、十一月二十三日より降り出し、十二月九日迄《まで》降り続いた。この間は昼間にも、ちょうちんにて、諸用をたした」と金五郎はいう。

一度、富士山が噴火すれば、我々は半月間、火山灰の闇を覚悟せねばならない。大量の空気が要るガスタービン式の火力発電所の電力をどのように安定供給するのかなど、金五郎の話は我々に重い課題を突き付けている。

地震と富士山噴火の連動性

富士山の噴火史の研究は、南海・相模《さがみ》トラフでおきる大地震の予知にもかかわってくる。

この分野でめざましい成果をあげているのは静岡大学教授の小山真《こやままさ》人《と》氏だ。古代以来の記録を調べ、富士山噴火と南海トラフ・相模トラフ大地震の記録をつきあわせた。九世紀以降、南海トラフと相模トラフの大地震は一三回ほどおきているが、そのうち一一回についてはトラフが動く前後で富士山の火山活動が活発化していた。つまり、南海トラフ・相模トラフの大地震と富士山の火山活動のあいだには連動性が高いことが示唆されている。

実際、南海トラフ・相模トラフの大地震一三回のうち、五〜六回については富士山がほぼ同時、もしくは二五年以内に噴火している。大地震の前に噴火したのが二回、大地震の後に噴火したのが三〜四回である。

トラフが動いて東海地震や関東地震がおきた場合、どれぐらいの確率で富士山が連動して噴火するのか。小山教授が明らかにした富士山の過去の噴火パターンから、ある程度は類推できるかもしれない。つまり、東海地震や関東地震がおきる時には、一三回中五〜六回＝四割前後の確率で、前後二五年以内に富士山の噴火がおきるという心積もりは必要なようである。

トラフの大地震と富士山の活動のあいだに連動性があるとすれば、我々は富士山の変化から目を離してはなるまい。日本の母なる山は、大地震の発生についてあらかじめ何かを教えてくれるかもしれないのである。

富士山が最後の大噴火をおこしたのは一七〇七（宝永四）年だ。富士山が噴火する時には、どのような前兆があったのか。古文書でそれを知っておけば、平成の我々に役立つはずだ。宝永の富士山噴火の前兆現象については代表的な史料が二つばかりある。

一つは、御殿場《ごてんば》市山之尻《やまのしり》の滝口家に残された「元禄《げんろく》十六（一七〇三）年大地震及び宝永四年富士山噴火覚書」（『御殿場市史　二』）。

もう一つは、裾野《すその》市須山《すやま》の富士山資料館で保管されている土屋伊太夫《つちやいだゆう》「富士山噴火事情書」（『裾野市史　第三巻』）である。富士山は信仰の山だから、御師《おし》といって参拝・宿泊をガイドする登山旅行案内人がいた。土屋伊太夫はその御師の一人で、富士山噴火についての克明な記録を残している。これらの史料によると、富士山は前触れなく噴火したのではない。

実は、富士山噴火の四年前、一七〇三年に相模トラフが動き、元禄関東地震があった。この大地震以来「地震は、軽くはなれども（宝永噴火の）亥年《いどし》まで、五年間、揺り止事《やむ》がなかった」。富士山周辺では火山性地震が五年間続き、噴火にいたった。噴火直前、富士山では火山性地震が絶え間なく続いた。一七〇七年一〇月四日の宝永大地震後「ふじ山は不断止事《ふだんやむこと》なく揺り候」と滝口家の史料にはある。

火山性地震がいつから続いたのかは、土屋伊太夫がきちんと記している。

「富士山の中は九月時分以来、毎日余程の地震は幾度もあった。ことに十月三日（四日の誤り）から強い地震が多く、一日の間に十度二十度少々の地震は数知れなかった。しかし（山麓《さんろく》の）里には地震もなかった」

富士山が噴火する時は五年前から軽い地震が増え、二カ月前から富士山中だけの火山性地震が毎日続く。前回の宝永噴火の時は、そうであったと、古文書からうかがえるのである。

2　「岡本元朝日記」が伝える実態

静岡を襲った宝永津波

歴史地震研究会の大会で秋田市を訪れた。この研究会は理系の地震学者と文系の歴史学者が、ともに過去の地震を研究するユニークな学会である。年に一度の大会で、私は「静岡市付近の宝永津波史料」と題し、静岡市駿河区下島《しもじま》地区にきた津波の高さについて報告した。

下島村は有名な弥生時代の遺構、登呂《とろ》遺跡の一キロ真南にある村である。浜川《はまかわ》という小川（二級河川）の河口から、この村に何度も津波が浸入してきた。村の川沿いの田んぼが「塩入田《しおいりだ》」という地名になっているほどだ。一八五四年の安政津波の時は、波高四・五メートルの津波がこの村を襲ったとされる。

しかし、一七〇七年の宝永津波の高さは、まだわかっていない。ここは静岡市中心部から約四キロの海ぞいの住宅地だから、ぜひとも宝永津波の高さを調べておかねばと思い、私が現地調査をしたところ、既知の古文書のほかに明治の地籍図がみつかった。

平兵衛《へいべえ》という男が浜で津波の襲来を察知。「大浪だ」と叫んで、低地にいた村人五、六〇人に知らせ、皆が逃げ延びた生々しい記録が残っている。「率先避難者」が大声で避難を呼びかけながら逃げれば、多数の人命が助かる。歴史の実例がそれを示している。
この記録のなかに、村内の「大浜村《おおはまむら》」（海抜四メートル強）という
ところにあったと思われる農家三軒のうち二軒が津波で破壊され、農
家の上を小舟が通っていった、との記述がみつかった。海抜六メート
ル以上の場所の農家にはまったく被害記録がみつからないから、五・
五～六メートルの津波と推定できた。
これは貴重な情報である。せっかくだから、南海トラフの津波シミ
ュレーションなどを行っている地震学者などの前で報告しておこうと
思い、東京駅から秋田新幹線「こまち」に乗った。
しかし、秋田駅に着くと、自分の発表までまだ時間がある。私は、
地方に行くと、必ず心がけていることがある。「捨て目を利かせる」

ことだ。わずかな時間でも、地元の図書館・古本屋に足を運び、古文書を探す。「意外な古文書が、どこから転がり出てくるかわからない」と考え、鵜《う》の目鷹《たか》の目で、その町をかぎまわることにしている。

それで、まっしぐらに秋田県立図書館内にある県公文書館に向かった。その閲覧室を歩いていて、ふと目にはいってきたものがあった。日記である。秋田（久保田）藩は佐竹《さたけ》という殿様で、石高は二〇万石あった。藩士がよく私日記をつけている。公家は必ずといっていいほど日記をつけたが、江戸時代の武士はそこまで筆まめではない。藩庁では藩の公用日記をつけるが、個人では日記をつけたり、つけなかったりであった。しかし、秋田藩にはとくに「日記の文化」でもあるのか、緻密《ちみつ》につけられた日記が何点も残されていて、公文書館の壁面にずらりとならんでいた。

早速、宝永四（一七〇七）年一〇月四日を記した日記を探した。宝永地震がおきた当日である。するとたいへんなものがみつかった。「岡本元朝《げんちょう》日記」。そこには宝永地震から富士山噴火までの克明な記述があった。秋田藩江戸屋敷で、幼い殿様の守り役が記したものである。

桶の水が知らせた江戸の揺れ

一七〇七年の宝永地震は、M（マグニチュード）9以上との説もある日本史上最大級の地震である。こんな大地震に見舞われると、江戸（東京）は、どのようになるのか。

それを知るには地震当日に、江戸でつけられた誰かの「日記」をみつけて読めばよいのだが、幕末に比べ、一七〇〇年頃の日記は数が少ない。ところが、秋田県立図書館の建物内を歩いていて「岡本元朝日記」という史料をみつけた。地元の歴史家の間では有名な日記で、私もその存在は知っていた。しかし、そのなかに宝永地震当日の克明な記録があるとは、知らなかった。

大地震がおきた時、秋田藩は幼君を擁していた。藩主の佐竹義格《よしただ》は満一二歳。この年齢では、心もとない。一七歳になれば、殿様に死なれても、まず大丈夫なのだが、この年で殿様に急死されると、徳川幕府から領地を減らされる危険もあった。岡本元朝は、この幼い藩主の養育にあたる有能な側近重臣で、毎晩のように一二歳の少年藩主の食事に相伴し、佐竹家の安泰を願いつつ養育と政務にあたっていた。さらに、この岡本は先代藩主の時に文書奉行として記録の調査を担当していた。それだけに、彼の日記は詳しい。

強い揺れが、秋田藩の江戸屋敷を襲ったのは一〇月四日未《ひつじ》刻（午後二時頃）。岡本は藩の役人たちが集まる会所にいた。「地震はよほど強かった。天水（桶《おけ》の水）がこぼれた。ため水が大桶に七分（七〇％）ほどあったのを、揺りこぼした」。岡本はすぐさま屋敷の雨水をためる桶＝天水桶の水がこぼれたかをみた。

理由があった。江戸で地震がおきると、大名などは、将軍様に「地震大丈夫でしたか」と、ご機嫌うかがいの使者を出さねばならない。しかし、どのぐらいの揺れの地震から使者を出すのかという問題がおきる。震度一や二で地震見舞いを出せば笑われる。家屋が壊れる震度五以上なら、当然、地震見舞いをすべきだ。微妙なのが、震度三〜四あたりの地震だ。江戸時代には気象庁の震度発表がない。将軍様へのご機嫌うかがいの必要の有無判断という奇妙な理由から、客観的な震動基準が人々に切望された。

そこで考え出されたのが天水桶だ。天水桶の水は、おおむね震度四以上でこぼれる。江戸の武家社会は、これを利用した。「天水桶の水がこぼれればご機嫌うかがい」を将軍様に出すことにした。「寛文十一（一六七一）年の江戸地震のあと、老中から諸役人までの基準になった」と岡山藩池田家文庫の「御入国以後大地震考《ごにゅうごくいごだいじしんこう》」には記されている（伊藤純一「江戸時代の震度計」『歴史地震』第二一号）。天水桶は江戸人の地震計であった。

岡本はまっしぐらに幼君の「御前へ走」った。少年藩主はちょうど弓の稽古《けいこ》中で「弓場」から屋外の庭に出ていた。藩主の生母は「物見」で屋敷の外を眺めていたが、すぐ庭に出てきた。岡本は少年藩主にいった。

「御城（江戸城の将軍）へ御機嫌うかがいを入れましょう」。岡本はその場にいた藩士の一人に指示した。「申刻《さる》（午後四時）前は御城へ使者を出す。申刻以降は用番の老中様へ使者を出すことになっているはずだ」。泰平の世ではしきたりを知る者が力をもつ。

屋敷内を点検すると、大書院（広間）の壁が割れていた。「さてさて、よほど振れたものと見える。長く振れた」と日記にはある。その日、少年藩主は用心して弓場でご飯を食べた。だが、宝永地震の恐怖は、これですまなかった。

余震が富士山噴火の引き金に？

宝永四（一七〇七）年一〇月四日の宝永地震に襲われた時、秋田藩主・佐竹義格はまだ幼く一二歳であった。宝永地震の揺れは長かったが、江戸上屋敷の揺れは震度四ほどで無事であった。

ところが、殿様の守り役の岡本元朝が倒れた。てきぱきと地震後の対処を終えたあと、ストレスからか、腹具合を訴えて早退した。かえって、幼い殿様のほうが気を遣い、「今日は夜詰（宿直）は御免」と言葉をかけた。

嫌な揺れが、幼い殿様を襲ったのは、その翌朝であった。

「卯《う》の上刻（五時頃）地震。昨日ほどではないが、よほど揺れたので、髪も結わず、早々に御殿に罷《まか》り出た。お屋形《やかた》様（藩主）をお床の上から加藤市兵衛《いちべえ》が抱き奉り、早々に御庭に出たよし」（「岡本元朝日記」）

佐竹家は古めかしい家であった。戦国時代が終わって一〇〇年たっても、藩主のことを他藩のようにお殿様といわず、お屋形様といった。お屋形といっても一二歳の子どもである。寝床の上から、家臣がそのまま抱き上げ庭に連れ出した。

岡本は例によって天水桶の水をたしかめた。揺れこぼれていれば震度四。将軍様に地震見舞いの使者を出す。ところが「天水は昨日の地震（宝永地震の本震）でこぼれ、水が少なく、こぼれていなかった。

これでは基準にならない。世間に問い合わせをさせた」。

宝永地震の翌朝、「昨日ほどでない」強い揺れが江戸などを襲った。翌日にも別な地震があったのである。宝永地震は普通の地震ではない。富士山噴火を誘発した地震である。したがって、宝永地震については、本震から富士山噴火につながるまでの余震や誘発地震の研究が丁寧になされる必要がある。なぜなら、現代の我々も、富士山噴火の危険にさらされているからである。宝永地震のような巨大地震が富士山噴火の引き金を引く場合、大地がどのような挙動を示すのか、ぜひとも知っておきたい。

宝永地震翌朝のこの地震は、静岡県東部の富士宮《ふじのみや》市付近を震源とするM6・6〜7・0と考えられている。「宝永地震翌朝の駿河の地震について」（『歴史地震』第二七号）という論文があり、先日、筆者の一人である中村操氏にお会いしたら、「震源の位置からして、富士山の宝永噴火に影響したトリガー（引き金）地震の可能性があるが、史料が少なく確実なことはいえない。静岡の史料が重要」と、史料探しを励まされた。

そこで「岡本元朝日記」を読みなおしてみると、一〇月七日条に、重要な記述がみつかった。「去四日の地震は小田原がよほど強く、戸をはめ（ねヵ）、地も割れるほどであったが、先年（元禄関東地震）ほどではなかった」との記事に続いて「五日朝の地震は箱根強く候由」と記している。つまり、宝永地震翌朝の地震について、岡本は翌々日の七日になって、震源にかかわる情報を得ていた。「五日朝の地震は箱根の揺れが強かった」という情報である。

宝永地震の翌朝、箱根や富士宮など富士山の周辺で強い地震が発生したことは間違いない。巨大地震がおきた直後に、富士山周辺で強い地震がおき、そして富士山噴火という一連の流れがあるのだろうか。

秋田藩の殿様の子守をしていた岡本にしてみれば、自分の日記が、三〇〇年後、富士山噴火への備えに役立てられるなどとは、思ってもみなかったに違いない。

暗くなるほど降った火山灰

もし、富士山が噴火したら、東京はどのようになるのか。

その手がかりも、一二歳の秋田藩主のお守り役・岡本元朝の日記には含まれていた。一七〇七（宝永四）年の富士山噴火の時の江戸の有り様が克明に記されていたのである。

これまで、宝永噴火については、新井白石《はくせき》の『折たく柴の記』、旗本の「伊東志摩守日記」などが、基本史料とされてきた。地図作成で有名な伊能忠敬《いのうただたか》の先々代が千葉県の佐原《さはら》でつけた「伊能景利《かげとし》日記」（『歴史地震』第一九号）も知られている。

以下、「岡本元朝日記」から、江戸での噴火時の模様を追っていきたい。

一一月二三日は曇っていた。幼い藩主の体調は良さそうであったが、岡本はまだ調子が戻っていなかった。ところが、「今朝より地震少しずつ四、五度あり」、その間、地は揺れず、ただ「どろどろ」と鳴り、戸がガタガタした。この強くもない振動が「三時（六時間）」ばかりも続いた。

富士山が噴火する時は、空振といって、まず空気中を振動が伝わってくる。それから、少々、雷がして、「ほこりの様なる物」が降ってきた。それに気づいたのは未の刻（一四時頃）で、珍しいというので、岡本たち江戸詰の秋田藩士は採集してみた。

「硯《すずり》箱のふたへ、市郎右衛門・善左衛門が溜《た》めてきて見せた。指で、いじってみると、あくの如くであった」

江戸の侍は、何がおきているのかわからず、無邪気にも、火山性噴出物（テフラ）を指でいじって、くびをかしげていた。その時の侍たちの困った表情が目に浮かぶ。

きいてみると、午《うま》の中刻（正午）から、それは降っていたらしい。だが、その時は、「細雪《ささめゆき》かと気も付かなかった」。振動はそれからずっとやまない。幼い藩主を納戸に入れ、そこで夕飯を食べさせた。申の刻（一六時頃）に、岡本は退出して御殿を出たが、「降り物は、いよいよ止まず、唐傘《からかさ》をさして歩いた。屋根・道・地にも、あくを敷いたように溜り、足跡がついた」。その間も振動はやまない。雷の稲光もする。

岡本が驚いたのは、あたりが暗くなったことであった。「昼過ぎより暗くなって、暮れ近くのごとくであった。申の中刻より、あかりをともした」。火山灰の雲が太陽光を遮り、一六時頃から夜中のようになって、灯りをともしたのである。岡本は「めずらしき事にて候」と感想を記している。

暮れ頃からまた御殿へ出て、岡本は藩主をお守りしたが、降り物は一向にやまない。戌《いぬ》の中刻（二〇時頃）になって、ようやくやみ、藩主は寝た。気味悪い振動は続くので、岡本はずっと番をしていたが、子《ね》刻（零時頃）になって「番衆も休もう」と退出した。振動は夜通しやまなかった。翌日は砂が降り、窓に吹きあたって秋田の吹雪に似た様子になった。そのなかで、岡本は藩主と「うどん」を食べた。

二五日には再び暗くなるほど灰が降った。「先日より砂黒色に候」。火山灰の色も白から黒に変わった。この日、岡本は、伊豆大島が噴火して小石が飛び、箱根あたりが通行止めになったとの噂を耳にしたが、デマであった。二七日、幕府経由で「駿州（静岡県）吉原村《よしわらむら》」の被害報告（様体書）の写しが手元に届き、岡本は噴火五日目にしてようやく降り物が富士山の噴火による火山灰と知った。

振動は四日間、火山灰は一二日間

江戸の人々は、空から砂灰が降ってきた当初、それが富士山の火山灰とは夢にも思わなかった。江戸人が眼前の降灰現象を富士山と結びつけて認識するまでの過程も興味深いから記しておく。

幕府と諸大名の間には平素から情報伝達のしくみがきちんとあった。とくに災害の被害状況などは、幕府は諸大名に詳しく知らせ情報を共有した。秋田藩江戸屋敷でも最初の四日間は、空気が振動したり、灰が降ったり、昼でも暗くなったりする異常現象の正体がわからなかったのだが、五日目に、幕府の「勘定衆」から情報がきた。

「去る二十三日に駿河（静岡県東部）で地震が朝から三十度ばかりあり、富士山が鳴りだし、煙が立った。そこへ雪が流れかかり、煙が巻き上がり、震動で近郡の男女は気を失った者が多いが、死人はなかった。昼から晩まで黒煙で見えなかったが、暮れたら煙と見えたのは、火災であった」。富士山麓の吉原村（富士市吉原）から幕府代官への報告である。

秋田藩士の岡本元朝は、この情報に接して、こう考えた。「しからば、当地へ砂が降ったのは、富士山の巻き上げた砂灰などが散り降ったものとみえる。震動もその響きだ。大きな山がこうだから、関八《かんはっ》州《しゅう》（関東全域）に響いたのだ」。日記に感慨深げに書いている。江戸から二五里（一〇〇キロ）はなれた富士山の吹き上げた灰が降ってきたのが、意外だったのであろう。

さらに岡本は「震動は二十二日からあったともいう」と、富士山麓からの情報をしっかり書き留めている。富士山は噴火前日に振動をみせ、噴火当日には富士市吉原で約三〇回の火山性地震が観測されたことがわかる。

江戸では連日、火山灰が降った。途中、小康はあったものの、一二月四日まで降灰が続いた。岡本は日記に、「十二月四日申刻（一六時頃）、砂が多く降り、唐傘をさして帰った。亥ノ中刻（二二時）には、砂が晴れ、良い夜になった」と書いている。これを最後に降灰の記録がなくなるから、秋田藩江戸屋敷では、一二日間、火山灰の降下を観測したことになる。

噴火による振動は四日間続いたらしい。一二月一日の日記に「今夜もまた砂が降った。震動は二十七日からない。いまだ富士山は焼けているとみえる」とあるから、それがわかる。つまり、富士山が宝永のような噴火活動にいたった場合、東京では、気味悪い振動を四日間、火山灰の降下を一二日間は覚悟せねばならぬ、ということであろう。

しかし、噴火被害の本番は降灰がやんでからだ。一二月五日、一二歳の秋田藩主は、行列を仕立てて、江戸の菩提寺《ぼだいじ》、総泉寺《そうせんじ》（当時は現・台東区橋場《はしば》二丁目にあった。関東大震災後、板橋区小豆沢《あずさわ》に移転）に参拝した。ところが、灰に悩まされた。「風が少しあると、町屋の上の砂を吹き上げた」。七日には岡本も砂で目をいためた。「風が砂を家の上より吹き落とし、世間は、ほこりが立って目に入って、ことごとく難儀」したという。目を赤くした岡本に、子どもの藩主が「どうしたのか」と尋ね、岡本は「急ぎ馬に乗り（目をいためた）」と返答したほどだ。

火山灰はガラス質。富士山が噴火したら、東京では目を守るゴーグルが飛ぶように売れることを予言しておく。

3　高知種崎で被災した武士の証言

寺田寅彦の原風景の地

「天災は忘れた頃にやって来る」というのは、物理学者で随筆家の寺田寅彦《とらひこ》の言葉がもとになったといわれている。もっとも、この夏目漱石の一番弟子は、その言葉を文字にしたことはない。「天災が極めてまれにしか起こらないで、丁度人間が前車の顚覆《てんぷく》を忘れた頃にそろそろ後車を引き出すようになるからであろう」と随筆に書いたことはある（寺田「天災と国防」）。

事実、寺田は、この国の防災を大きく進めた。関東大震災のあと、再びこのような大規模な都市地震災害がないように、徹底した被害調査をしたのは、寺田であり、いまの東京大学地震研究所の前身を作るのに大きな役割を果たしたのも、彼であった。

寺田が、ここまで防災に熱心であったのは、彼が、津波常襲地である高知の出身であったことと無関係ではない。なかでも「種崎《たねざき》」という高知市街に近い海岸の地が、彼の思想形成に大きくかかわっているように思われる。

種崎は、坂本龍馬像のある観光地・桂浜《かつらはま》から幅約三〇〇メートルの浦戸《うらど》湾口をはさんで向かい側にある風光明媚《ふうこうめいび》な砂浜である。寺田は中学時代の一八九二（明治二五）年頃から、種崎へ海水浴に出かけた。寺田家に奉公していた女中の家が種崎にあり、そのつてで、某家の「離れの二階を借りて一と夏を過ごした」というように、種崎に長く滞在した。ここで、彼は、海での溺死《できし》者の噂などに出くわして「怖気《おじけ》をふるった」（寺田「海水浴」）。のち、彼の妻が肺結核となり、転地療養をはじめた時も、転地先は、この種崎が選ばれている。

種崎は、寺田の原風景となっており、「海水震動」や「海鳴り」など、海の自然現象に関する科学的研究を行う素地をつくっている。

実は、この種崎こそが、高知市近郊でも、津波による最も悲惨な人的被害がみられた地であった。多感な寺田が、この地に長く滞在して、それを意識しなかったはずはなく、種崎が寺田の防災思想の母なる地となった、と、私はみている。

この種崎は、過去に、どのような津波被害をうけたのか。一人の武士の、すさまじい体験談が残されている。

一七三四（享保《きょうほう》一九）年、土佐藩主が、参勤交代のため高知城を出発し、藩のお歴々とともに御座船に乗って、浦戸港まできた。江戸までの船路は遠い。武士たちは、めいめいに自分の昔語りをはじめた。

その時、柏井貞明《かしわいさだあき》という武士が、「自分の家族は、この浦戸港のとなりの種崎で（二七年前の）宝永大地震の津波にあい、自分は津波のなかから、希有《けう》にして、命難をのがれた」と語りはじめた。その場にいた武士たちは、一同、驚き、「その次第をつぶさに語れ」といった。そして、その証言は貴重とされ、詳細に書きとめられて、今日に残された。

それが「柏井氏難行録《かしわいしなんこうろく》」である。江戸時代の武士家族が巨大津波に襲われ、避難するさまを生々しく述べた希有な記録で、最近研究も出た（西尾和美「宝永四年地震の中の家族とその史料」『災害・復興と資料』第四号）。

種崎は、海に長くのびた砂嘴《さし》の先端にできた集落であり、津波から逃げようにも、周囲に高いところがない。よくぞ、そこに生存者がいた、と、御座船に同乗した武士一同が思ったのは不思議ではなかった。

「山に入れ」の声で高台へ避難

この避難記録「柏井氏難行録」を読んでみよう。

語り部となった柏井貞明はこの時、数えで九歳。家族は祖母、父・実慎、母、兄（数え一二歳）、妹（同五歳）、弟（同二歳）の七人。このほかに奉公人がいたから、家内は八人をこえる大所帯であった。

一七〇七年の宝永津波がきた時、この一家は、不幸なことに、津波から逃げにくい場所にいた。高知市の「種崎」である。ここは特殊な地形だ。山から海に向かって、鳥のくちばしのような砂浜の岬が海へと延びている。二キロほども延びたその岬の突端に住んでいたのである。「宅は種崎の南の端にあり、門の外はすぐに海ぎわだった」というから、現在の高知市種崎の貴船《きふね》神社付近にいたと考えられる。地盤高二メートルほどの低地にいた。

いきなり、家族は激震に襲われた。家が倒れると思い、全員が庭に走り出た。九歳の貞明は父とともに、南の庭に出て、さらに門外に出た。そこには信じられない光景がひろがっていた。海が干上がっていたのである。九歳の貞明も、父も、その時は、これが津波の引き潮だとは気付かなかった。ただ、揺れに驚くばかりであった。地震のために、あたりを遠望すると、地面が上下して、波のように、うねっていた。親子は揺れに耐えながら、あぜんとして、それをみていた。

この時代、「孝」が重要であった。揺れがおさまってくると、貞明の父は必死で自分の母である祖母の安否を心配した。ようやく裏庭で祖母を発見。家族七人と奉公人の全員が無事合流できた。

祖母がいった。「これは『なや』（地震）というものだ。こういう時は藪《やぶ》に入るものだ」。それで一家は家の北にある藪に入った。この時代、年長者の知恵と発言は重い。揺れに備えるには藪の中がよい、という昔からの言い伝えに従ったのだが、この判断は誤りであった。種崎のような海辺の低地では、一刻もはやく、高台へ移動しなければならない。この一家は祖母の一言で、貴重な避難時間を空費してしまったのである。

だが、その時、この一家の運命を決める幸運な情報が耳に飛び込んできた。東の海辺の町のほうから、こう呼ばわる声が聞こえてきた。

「大浪が市中に入るぞ。みな、山に入れ」。その声で一家は、津波の危険に気付いた。山へ向かって、逃げることにしたのである。

これは大切な歴史的教訓である。津波から逃げる時、率先避難者が大声で「津波がくるぞ。高台へ避難」と呼ばわると、その声で周囲も我に返り逃げはじめる。声を出して逃げることで、地域の生存率が高くなる。津波から逃げる時は、勇気をふるって、声を出しながら逃げるようにしたいものである。

しかし、ここで、またもや、この武士の一家は時間を無駄にする。避難にあたり、先祖代々の刀を倒れた家から取り出そうとしたのである。一二歳の兄がこの危険な作業にあたり、取り出した重い刀を一二歳と九歳の兄弟が背負って、ようやく逃げることになった。その間、津波の魔の手は一家に刻々と迫っていた。

「孝」の重さ——幼い娘を捨て、老母を助ける

「柏井氏難行録」には教訓が詰まっている。

人間は制度や思想から自由ではなく、しばしば、災害避難もそれに妨げられる。すぐに逃げるべきところ、貞明の家族は身分に避難を邪魔された。武士であったので、先祖伝来の刀を倒壊した屋敷から取り出すのに、時間をかけてしまった。それでも家族七人と奉公人は急いで高台への避難を開始した。

貞明の一家は種崎（高知市）という海抜二メートルの砂の岬の先端にいた。約二キロ先に仁井田《にいだ》という村があり、そこまで歩けば、山が

ある。約一・五キロ歩けば、二本松という小高い場所があり、そこは海抜一一メートル（間城龍男『宝永大地震―土佐最大の被害地震』）で、最高所は一三メートルある。だから、大人の足で約三〇分歩けば、その安全地帯に逃げ込めるはずであった。

しかし、違った。江戸時代は孝（親孝行）が何よりも重視される。父は老いた祖母の手を引き、歩くのが一番遅い老婆の歩みにあわせて、避難をはじめた。かわいそうだったのは、一二歳の兄であった。江戸時代の子どもは一二歳でもしっかりしている。背中に先祖伝来の重たい刀を背負い、幼い貞明にも、やや軽い脇差しがわたされた。兄は母を守る役目となり、ちいさいのに、奉公人に二歳になる弟を抱くよう指示して逃げはじめた。

仁井田の山をめざして、およそ「十余町（一キロあまり）」北に歩いたところで、異変を感じた。逃げ行く群衆が、なんだか、わからないが、かなしい声を出して、わめきはじめた。振り返ると、「一町（一〇九メートル）」ばかり後ろに、真っ黒な煤《すす》のような津波がみえ、人々の足元にあふれてきた。その水先は電光のように、たちまち、あふれてきた。

逃げていく、数千の人の声が「わあ、わあ」と、蚊やアブの音のように聞こえてきた。

この時、種崎を襲った津波の高さには諸説があるが、近年の研究によれば、一一メートルとされる。（間城前掲書）。貞明の一家は海抜一〇メートルほどの地点まで逃げていたが、あっという間に、津波が頭上まできて、みんな溺《おぼ》れた。貞明は必死に、前方、左の生け垣の木にしがみつき、水に耐えた。流れてくる板戸に乗ろうとしたが、乗りそこなって、たちまち黒い波のなかに沈んだ。そこへ、誰かは知らぬが、人が流されてきたので、その人の脇差しをつかんだ。はなれまいと、帯にしっかり取りついた。波の中なので、誰かわからなかったが、みれば、自分の父であった。

父は背中に幼い妹を背負っていた。しばらくして、津波は父の肩をひたすばかりの深さになった。かえりみると、なんと祖母が津波に流され破壊された家屋のそばで危うくなっていた。父は驚いた。そこに助けにいこうとするが、背中に子を背負っている。行かなければ、祖母は死んでしまう。

ここで、この父は現代社会では考えられない挙にでた。「しかたなく、背負った女子を波中に投げ捨て、波をしのぎ、かろうじて、母（祖母）のもとにいたる」。数え五歳の娘を波に投げ捨て、老母を助けにいったのである。江戸時代、孝はそれほど重かった。

災害時には、平時の慣習や規則が、人命を損ないかねない場合がある。現代人も心すべきだ。

低体温症の危険と投げない心

柏井貞明は、父親の腰にしがみつき、黒い津波に溺れていた。もう死ぬかという時、運よく、人を乗せた家屋が流れてきて、親切な人が家屋に引き上げてくれた。父親も祖母もその家屋の上に引き上げられ、死を免れた。

津波で流された家屋の屋根に人が乗って漂う場合、危険な作業だが、運よく屋根の上に上がれた人が、津波に溺れる人を引っ張り上げて救助できれば、生存率が高くなる。

貞明と父親・祖母の三人は漂流物が引っ掛かりやすい場所に流されていった。裏に堤防があり、津波の流れが弱まる場所だった。乗った家屋が土蔵や大木にぶつかって止まり、太平洋の沖合に流されずにすんだ。不幸中の幸いといってよかった。

津波の第一波は、しばらくして引き、あたりは白砂の平原と化した。ここにいたり、家族をたずねたが、兄も母も弟も姿がみえない。祖母を救助する際、波間に捨てられた妹はもちろんいない。破壊された家屋の下には「破屋におされ、半死半生のものが五、七人いた」。津波で流れだした家屋は凶器となって波間に漂う人間に襲いかかる。それは江戸時代も同じだった。

第一波が引いてから、貞明の父親はこれを助けようと、武士らしく人を集め、救助を指揮した。しかし、「大きな家の梁の下敷きになっており、みな眼下で命を落とした」。

この時点での救助作業は、後から考えれば、きわめて危険であった。一時、潮が引いていただけで、すぐに津波第二波が襲ってきたからである。津波は第一波を逃れても、次に第二波が襲ってくることを忘れてはならない。

すでに、貞明・父親・祖母の三人は疲れ果てていた。この宝永津波は旧暦一〇月四日の出来事で、新暦でいえば一〇月二八日にあたり、気温は低い。津波でぬれた体はふきすさぶ寒風にさらされ、どんどん体温を奪われていった。それでも、父親と祖母はぬれた着物を脱ぎ、貞明に番をさせて、行方不明の家族をしばらく探し歩いた。奉公人二人はいたが、兄・母・弟はみつからず、貞明は、茫然とした。なすすべがなかった。

この時、「また大潮がくる」と津波第二波の襲来を呼ばわる声がした。父は祖母に「とにかく仁井田の山に逃げよう」とすすめたが、祖母は「天地滅亡の時が来たとみえる。どこに行っても死ぬ。ここを動かず、溺死するだけ」といいだした。それを父親が止めた。「逃げられるまでは逃げてみて、その行き先で、どうにでもなれ、です」と、しいて避難をすすめた。幼い貞明が避難をしぶる祖母の手を引き、よろよろと、歩きだした。

しかし、貞明はわずかに九歳、「津波に沈んで万死をのがれ、身体つかれて一歩も（祖母の手を）引っ張ることができない」。歩けないのに、背後から「津波がくるぞ」と声がかかる。「その悩みといったら、言いようがない」。後年、そう語っている。

三〇〇年前のこの古文書は我々に物語る。老人・子どもは災害時の低体温症にとくに弱いこと。年長者は責任ある言動をしなければならないこと。疲労困憊《こんぱい》時には弱気になり判断がにぶること。我々はこれらを自覚して、老いも若きも、最後まで避難を投げないことが大切だ。

4　全国を襲った宝永津波

大阪は常に津波に襲われてきた

大阪のことを書いておきたい。南海トラフで巨大地震がおきると、大阪にも津波がくる。ただ、大阪にくる津波は高かったり、低かったり、まちまちである。そのため、津波防災の意識が高まりにくい背景がある。

一九四六（昭和二一）年に昭和南海地震がおきたが、その時、いま水族館のある大阪の天保山《てんぽうざん》にきた津波の高さは七〇センチであった。それで、現在の大阪は津波の恐ろしさを実体験した人が少ない。これは恐ろしいことである。防災は前におきた災害の記憶に影響されてしまう。

たとえば、阪神大震災は早朝におきた。電車も新幹線もまだ過密ダイヤで走っていない時間帯であったため、高架がやられても、かなり偶然が幸いして、被害を免れた面がある。これで「地震がおきても高架橋の上の乗り物は大丈夫である」との災害イメージが、なんとなく、我々に形成されているとしたら、まずい。

大阪における津波も同じである。前回、被害がなかったから、次も大丈夫とは限らない。大阪は土地が低い。名古屋大学減災連携研究センターの調査によれば、大阪府では標高五メートル未満の低地に約三〇六万人が暮らしている。

しかし、歴史的にみれば、大阪は常に津波に襲われてきた。江戸時代だけでも宝永地震（一七〇七年）と安政南海地震（一八五四年）の二度、津波の大きな被害をうけている。

過去に、大阪にきた津波の高さを復元するには「橋」の被害記録をみていけばよい。江戸は八百八町、大阪は八百八橋というほど、橋が多い。江戸時代、道頓堀《どうとんぼり》など、大坂の運河には、木造船が浮かんでいた。津波になると、これらの船が運河をさかのぼり、橋の橋脚を破壊しながら、町中になだれ込んできた。したがって、どの橋まで津波で破壊され「落橋」したかを調べれば、大坂にきた津波の高さがわかる。

安政南海津波の時には、道頓堀川でいえば、なんばの大黒橋《だいこくばし》の手前、金屋橋《かなやばし》までが落橋している。この時の大阪における津波の波高は地震学者の羽鳥徳太郎氏によれば「二・五～三メートル」。最近の研究では標高二・九メートル地点までさかのぼったとされている（長尾武「宝永地震による大坂市中での津波遡上高」）。

一方、安政津波より約一五〇年前にきた宝永津波はさらに強力であった。西山昭仁「安政南海地震における大坂での震災対応」からその被害状況をみると、安政津波では残った大黒橋からさらに上流の戎橋《えびすばし》・相合橋《あいおいばし》などを落とし、日本橋《にっぽんばし》がようやく残っている。安政津波よりも標高一メートル程度高いところの橋まで落としている。結局、宝永津波は標高三・六メートル地点までさかのぼり、大坂の町を海水に浸したとされる（前出、長尾による）。

宝永津波と同じ、標高三・六メートルまで遡上する津波が来るとすれば、現在の大阪は、どこまで津波の水をかぶるであろうか。国土交通省がネット上に公開している「地理院地図」で調べてみた。この場合、津波は堺《さかい》筋の近鉄なんば日本橋駅を越え、国立文楽劇場の前を通り越して、生国魂《いくくにたま》神社の前の松屋町《まつやまち》筋の道路まで冠水させることがわかった。

しかし、これで話はすまない。この宝永津波などよりも、もっと大きな津波が南北朝時代の一三六一（正平《しょうへい》一六）年に大坂を襲っていた可能性がある。次に、中世の古文書をもとに、この大津波について調べてみよう。

大阪にきた五〜六メートルの津波

大阪府は東日本大震災後、南海トラフで地震がおきた時に想定される津波の高さを二倍に引き上げた。宝永津波（一七〇七年）・安政津波（一八五四年）を参考に、従来三メートルとしていたものを、一気に六メートルとした。しかし歴史上、大阪を襲った「既往最大の津波」は高さ何メートルか。六メートル以上の津波が大阪湾に現実にきたことがあるのか。この問題は難しい。専門家の間でも明確な答えはでていない。

ただヒントになる古文書が残されている。奈良・法隆寺で書かれた『嘉元記《かげんき》』だ。一三〇五～六四年の間、法隆寺の預職《あずかりしき》（執行役員）をつとめた僧侶が書き継いだ日記である。これに一三六一年に発生した正平津波が大阪を襲ったさまが記録されている。

「天王寺金堂が破れて倒れ、また安居殿御所西浦まで潮が満ちて、その間の在家（民屋）・人民が多く損失した」と記されている。天王寺は四天王寺のことで、このとき堂塔が倒壊し、寺内で五人が圧死した。安居殿御所は四天王寺の西五〇〇メートルにある安居《やすい》（井）神社のことだろう。この安居神社の西の浦まで津波がきて家屋・人命が多く失われたというのである。

これをどう解釈するか。安居神社は上町《うえまち》断層がつくった上町台地の断層崖《だんそうがい》の上に鎮座する。崖下《がけした》の神社の階段の一段目が標高五メートル。階段を上りきった社殿のある地盤が標高一二メートルである。安居神社から海まで現在では五キロあるが一三六一年頃の海岸線は今よりもずっと内陸にあった。現在の阪神高速一五号線〜なにわ筋のあたりであったろう。一三六一年に津波がきた当時、安居神社から海までは二キロほど。海に向かって平野がひろがっており、人家もあって今宮《いまみや》の庄（津江《つえ》の庄）とよばれていた。『嘉元記』が「安居殿御所西浦」とよんでいるのは、安居神社の西にあった浦＝今宮の庄のことをさす。当時、今宮の庄の中心集落は現在の今宮戎《いまみやえびす》神社（えべっさん）から広田《ひろた》神社（大阪市浪速《なにわ》区日本橋西二丁目）付近にあったと考えられる。現在、その付近の標高は三メートル前後。津波当時は海岸から一キロの距離。ここが津波で大被害をうけて人家が流失、死者も出たということは、五〜六メートル級の津波の来襲を考えねばならない。

なぜなら、歴史時代の家屋は二メートル浸水すると流失し死者が急激に増える。当時でも標高二〜三メートルはあったとみられる今宮戎神社の付近の集落を二メートル以上浸水させたとすれば、その津波の海岸での高さは三メートルなどではなく、最低でも五メートル以上あったと推定されるからである。今回、大阪府が津波高さ想定を六メートルに引き上げたことは、古文書の断片的な証拠に照らして、妥当である。それどころか、それらしい津波が六五〇年前にきていた可能性が指摘できるのである。

五〜六メートル級の津波がくれば、低地がひろがる大阪は大変なことになる。しかし津波到達まで約二時間の猶予《ゆうよ》があるから、その間に、水門を閉めたり、高い建物に上ったり、減災・避難行動をとれば、人的被害はかなり防げるはずである。ただ、こんな津波がくる時は地震の揺れも震度六を覚悟しなくてはならず、軟弱地盤の上に立つ水門や海岸の堤防がすべて壊れずに機能するか心配が残る。元来、大阪では三メートル津波の想定で海岸堤防も造られてきたわけだから六メートルの津波には完璧《かんぺき》とはいえまい。今後、多重防御の考えを入れ、水門・堤防の整備点検をすすめて町を守っていかねばなるまい。

防潮堤を造った藩主のリーダーシップ

江戸時代、津波の被害をうけた後、緊急対策として、あっという間に津波防潮堤を建設した歴史はある。

和歌山県の広村《ひろむら》（現在の広川町《ひろがわちょう》）にヤマサ醤油《しょうゆ》の七代目・浜口儀兵衛《ぎへえ》（梧陵《ごりょう》、一八二〇～八五年）が築いた広村堤防は有名で、国の史跡に指定されている。一八五四年の安政津波の後から建設が計画され、四年近い歳月をかけ一八五八年に完成した。これは民間の力で造り上げたもので、堤防の長さは約六〇〇メートル、高さは五メートルある。関東で醤油を手広く売った浜口家の財力が背景にあったとはいえ、たいしたものである。一九四六年の昭和南海津波の時には、実際、これが役立った。四〜五メートルの津波に襲われたが、堤防に護られた旧集落だけはかろうじて津波の被害を免れた。

しかし、全国的にはあまり知られていないが、これよりもさらに約一五〇年前、九州で長大な津波防潮堤が築かれていた。大分県の佐伯《さいき》に二万石の小さな大名がいた。この家は奇妙なところで堤防に縁があった。もともと森氏といった。森高政《たかまさ》というのが当時の当主の名である。高政は羽柴（豊臣）秀吉に仕え、中国地方の大大名、毛利輝元《もうりてるもと》と戦ったのだが、このとき世に名高い備中高松《たかまつ》城水攻めに参加した。低湿地に築かれた敵城のそばに堤防を築き、水没させたあの戦いである。

ところがその最中に、本能寺の変が勃発《ぼっぱつ》。織田信長が死んだ。秀吉は主君信長の死を隠して毛利氏と和睦した。和睦ではしばしば人質が交換される。秀吉側からは、森高政が人質となり、毛利輝元の側に赴くことになった。この時、輝元が「森は元来、毛利と読みが同じである。以後、毛利と書くといい。永く兄弟の契りを結ぼう」と厚遇を約束してくれた。秀吉も森を毛利にするのを許したため、以後、森高政は毛利高政となった。残された高政の家臣や黒田官兵衛には、秀吉から密命が与えられたとも伝えられる。

「もし毛利軍が信長の死を知って背後から攻めてきたら、水攻め堤防を切れ」。そうすれば、水が氾濫《はんらん》して、毛利輝元軍の追撃を遅らせることができる、というのである。「秀吉事記《ひでよしじき》」などにこの記述があり、『佐伯市史』などはこの説を採っている。

この毛利高政が佐伯藩の藩祖であるが、宝永四（一七〇七）年一〇月四日、六代藩主・毛利高慶《たかやす》の時、宝永津波が佐伯を襲った。佐伯毛利家は水軍で有名。海に近い浦方を拠点にしていた。そのため佐伯の城下町は三・五〜四メートルといわれる津波の被害をまともにうけた（羽鳥徳太郎「九州東部沿岸における歴史津波の現地調査」）。

六代藩主が驚くべきリーダーシップを発揮したのは、この時であった。津波の直後、城下町全体を防潮堤で護ることを決意した。なんと被災一七日後から着工。二カ月の突貫工事で、新堤防一・三キロを含む総延長約四キロの防潮堤を完成させた。藩主高慶みずからが現場に出て工事を督励。動員された労働者はのべ三万四七九三人に達したという。

赤穂《あこう》浪士もそうだが、おおむね一七〇〇年頃までの近世武士は行動的で決断が速かった。しかし平和が続き、世襲が重なると、近世武士は次第に行動が格式張ってきて「機能的」でなくなる傾向がみられた。幕末頃になると、むしろ民間の活力がすばらしく、浜口梧陵のような民間の篤志家が防潮堤建設などという公益事業でも活躍する姿がみうけられるのである。

5　南海トラフはいつ動くのか

大震災後に課せられた宿題

東日本大震災がおきて、歴史学にもひとつ宿題が加わった。震災後、私は浜松に移住した。東海地震の津波常襲地で過去の津波の古文書を探すことにした。過去の「災い」の記録をひもといて、今を生きる人々の安全のために参考に供する、という仕事である。なかでも、気になるのが、南海トラフが連動する巨大地震がいつおきるのか、ということである。

現在、はっきり被害が想定されているもので、日本最大の危機はこの南海トラフの連動地震である。政府の中央防災会議による被害想定も出そろってきた。被害を「最大」で想定した場合、人的には三二万人が犠牲となり、経済的には二二〇兆円を超える被害が出るとされている。ただし、この数字は、東日本大震災の時と違い、すべての原発で地震からの連鎖事故が防げるという甘い前提で計算されたものである。毒性の強いプルトニウムなどの核物質の封じ込めに失敗すれば、この被害ではすまないことも注意が必要であろう。

歴史的にみると、南海トラフの巨大地震には超巨大地震と巨大地震がある。三二万人が死亡するといった最悪の被害想定を現実にする超巨大地震になる確率は研究者間でもさまざまな議論があって、はっきりしていない。一〇〇〇年に一回かもしれない、五〇〇年に一回かもしれない。

わかっているのは、①南海トラフの地震は約一〇〇年の周期で発生。②同時もしくは数年内に遠州灘《えんしゅうなだ》から四国沖まで連動するのが普通である。③古文書の記録によれば九〇年間より短い周期で二回おきたことは歴史上確認できない。④歴史記録のしっかりしている南北朝時代以降で観察すると一五〇年の間におきなかったことは一度もない。以上のことである。

『日本書紀』にある天武天皇の時代から現代までに、これまで九回の南海トラフ地震の発生が知られている。ところが、二〇一二年になって岡山大学の今津勝紀《いまづかつのり》准教授が、もうひとつ南海地震がみつかって一〇回おきていたという説を発表した。『日本紀略』の記述から平安遷都直前の七九四（延暦《えんりゃく》一三）年の七月一〇日に南海トラフが動いたかもしれない、というのである。二年後に「徳島・高知・愛媛の官道（古代の国道）の大部分」が津波のせいか廃止になっているという。これが本当なら、二〇〇年などという間隔をあけることなく、南海トラフは必ず動いていることになる。しかしこの説については、その後史料中にある「震」「震死」が地震でなく、落雷・落雷死を意味するとの有力な反論が出て、疑問視されてもいるから、今のところ、よくわからない。

鎌倉幕府初期の一二〇〇年前後だけが唯一、南海トラフ地震がみつかっておらず、二六二年の地震空白期があるが、今後、「幻の地震」がみつかるかもしれない。古い時代は、古文書がしっかり残っておらず、被害が小さくてすんだ南海トラフ地震は記録が残っていない可能性がある。

最近、南海トラフが動いたのは一九四四年（昭和東南海地震）と一九四六年（昭和南海地震）である。約七〇年が経とうとしている。③の南海トラフは九〇年以内に二回おきたことはないという歴史的経験からすれば、我々には二〇年ちょっとの地震猶予期間が与えられているのかもしれないが、相手は地球である。

四〇〇年前の僧侶が残した防災情報

東海地震など南海トラフでおきる巨大地震は、大体一〇〇年周期でおきていて現在約七〇年が経過した状態にある。

この南海トラフの巨大地震が引き起こす津波には二種類あるのをご存知だろうか。一つは一〇〇年ごとにやってくる「通常の大津波」。静岡県平野部などでは七メートル以下で、大阪湾では四メートル台以下の高さの津波となる。江戸時代の宝永津波（一七〇七年）、安政津波（一八五四年）などがこれにあたる。江戸期は一般に現在より海岸砂丘が高く、一〇～一二メートルあったからこの高さまでの津波ならかなりブロックしてくれた。砂丘のない河口部や水辺では甚大な被害がでたが、内陸奥深くまで津波が全面的に押し寄せるにはいたらなかった。

しかし問題はもう一つの津波だ。一〇〇〇年に一度か五〇〇年に一度くる「異例な巨大津波」というのがある。この津波は宝永・安政津波の二〜三倍の高さとされ、最後にきたのは一四九八（明応《めいおう》七）年。波高が静岡県平野部で一〇〜一五メートルとなる。大阪湾でも一三六一（正平一六）年に五メートルを超える巨大津波がきた可能性がある。この場合は砂丘を軽々と乗り越え、津波が東海地方や大阪平野部の都市住民を直撃することになる。

しかし、本当にそんな巨大津波がきたことがあるのか。ここで古文書が威力を発揮する。唐突な話だが、約四〇〇年前に「願栄《がんえい》」という僧侶が伊豆半島にいた。私は無名のこの僧に感謝してもしきれない。というのもこの願栄は後世の人間を津波から護る「重要な記述」を木の板に書いて残してくれた。

慶長九年の暮れ（一六〇五年二月）、南海トラフが動き大津波が日本を襲った。伊豆半島の仁科《にしな》の里（現・静岡県西伊豆町役場付近）も地震と津波に襲われた。佐波《さわ》神社という神社が被害をうけ、年明けに再建されたのだが、その再建記念の「棟札《むなふだ》」に願栄が日本防災史上に残る文章を書いた。原文を現代語訳する。

「戊午《つちのえうま》（一四九八）年の津波は寺川《てらがわ》の大堰《おおぜき》まで。またその後九九年して甲辰《きのえたつ》（一六〇五）年一二月一六日には垣の内の横縄手《よこなわて》まで（津波が）入った。末世にその心得がありますように」

願栄は津波による里人の死が悔しかったに違いない。一四九八年の明応津波と一六〇五年の慶長津波の浸水がどこまできたかを後世のために書き残したのである。さらに幕末明治になって、萩原正平《はぎわらまさひら》という国学者がこの棟札の記述をもとに現地踏査し、津波が田園を水に浸しつつさかのぼった距離を割り出した（『増訂豆州志稿《ずしゅうしこう》』）。その結果、明応津波は海から二キロ地点（津波学者の都司嘉宣《つじよしのぶ》氏によれば標高約一〇メートル）まで、慶長津波は海から一・四キロ地点（標高約七・五メートル）までできたことがわかった。これは重要な情報である。明応津波はおそらく一〇メートルを超える高さがあり、仁科の里を二キロ内陸まで浸水させている。一・四キロ浸水させた慶長津波よりもおそらく巨大だったことがわかる。ちなみに安政津波はこの付近で波高五メートル前後とされ、現在の地形でいえば一キロ程度内陸（標高四・五メートル）まできて止まったと考えられる。

ゆえに、仁科という「地震津波計」で測った歴史上の津波の大きさは、明応＞慶長＞安政の順番となる。時代によって多少地形も変わるから一概にはいえないが、我々は四〇〇年前の願栄という僧が津波のきた地点を書き残してくれたおかげで、このような防災情報を得ることができるのである。

歴史的に、こう考えていくと、南海トラフの地震にも、津波の大・中・小があることがわかる。我々はこの歴史経験から、これから襲ってくる津波の高さの確率分布も考えておくべきだろう。我々は約五〇〇年間に五回の南海トラフの津波を経験した。このうち、①平野部で十数メートルの高さの津波が一回（明応津波）、②同じく五メートル以上の津波が三回（慶長・宝永・安政津波）、③同じく五メートル未満の津波が一回（昭和南海津波）である。このことからすれば、十数メートルの津波が二〇％、十数メートルには達しないが五メートル以上の津波が六〇%、五メートル未満の津波が二〇%という確率分布でやってくる、といったふうな覚悟は必要なようだ。十数メートルに達する津波は防潮堤などの土木構造物をもってしても対策が難しい。海に近い低地では、揺れたら逃げる。すぐ高いところに登るのが、大切である。

第3章

土砂崩れ・高潮と日本人

1　土砂崩れから逃れるために

伊豆神津島、土砂崩れの前兆

「土砂災害から命を守るには、どうしたらよいのか」。それを考えたのは、今の我々だけではなかったらしい。土砂崩れは津波よりも頻繁にやってくる。まさに、今、そこにある危機である。

二〇一三年一〇月一六日の台風二六号による伊豆大島の激烈な被害に衝撃をうけた私は、直ちに過去の記録を調べてみた。すると、「伊豆国神津島《こうづしま》山崩調査報告」という古い報告書が出てきた。近代科学の手法で伊豆諸島の土砂崩れの原因を解明した最初期の論文であろう。

明治日本の科学者は対応が早い。科学を現実に役立てる精神に富んでいた。濃尾《のうび》地震（一八九一〔明治二四〕年）の惨状をみて、「震災予防調査会」という防災科学組織を立ち上げ、東京帝大の若い学士などを嘱託調査員として被災地に送り込み、災害の実態調査と原因究明を行わせていた。

報告書はその一つで、一九〇七年七月八日に神津島でおきた土砂災害（死者一六名、負傷三一名。全壊家屋三五戸、半壊家屋六戸）を「理学士・加藤武夫《たけお》」が調査したものであった。この人は、のちに東京帝大鉱床学講座の初代教授となる。向田邦子《むこうだくにこ》脚本「寺内貫太郎一家」のお母さん役などで知られる女優・加藤治子《はるこ》さんの舅《しゅうと》にあたる。

加藤武夫は島の被災状況をくまなく調べた。まず「地変」までの一週間の降雨をみた。連続して雨が降っていたわけではなかった。被災前日の七日午前までの四日間は晴れていたが、「正午近くより大雨となり、夜中降続けり。八日午前二時頃より四時頃迄の間に於て、諸処に山崩れ起りたり。其当時は盆を覆すが如き強雨なりし」。神津島を襲ったのは短時間に降った豪雨であった。降りはじめから一四時間ほどで土砂災害が発生した。

しかし、なぜ、これほど激しい土砂崩れとなったのか。加藤は島の地層にその原因をもとめた。神津島は伊豆大島と同じ火山島だ。島の基礎には黒曜石（火山性の天然ガラス）の露出もあるが、中腹以上はスカスカで粗っぽい軽石の火山灰の層が溶岩の上に積み重なっている。これがまずかった。

火山灰の層には「比較的多くの粘土を混ずるものと、少なきものとの差」があった。ゆえに、大雨はスカスカの火山灰層の中には吸収されたが、比較的多量の粘土物質を含む層の上部では、水が水道のような勢いで流れ、上の地層まるごと、押し流した。加藤は原因をこう報告している。「崖崩れの、間接の原因は、懸崖《けんがい》の急傾斜・灰砂（火山灰）層の性質粗鬆《そしょう》なることにして、直接の原因となりし事は、未曽有の大雨と其の為めに灰砂層中に生ぜし無数の水道ならんか」。

火山灰の急傾斜地は崩れる。そこに住宅を建てるなと、加藤は警告している。「以上の事実を綜合《そうごう》するに、本島に分布最も広き粗鬆なる流紋岩質灰砂層は、充分に警戒を加うべきものにして、住宅畑地は此地層よりなる崖上・崖下に造らざる様にし、大雨の時に起る洪水に対し、充分なる用意を払わざるべからず」。

しかし、住宅をもう建ててしまったところもある。どうすればいいか。明るいうちに早めに安全そうな場所に避難するのが一番だ。土砂崩れには、しばしば前兆がある。ここが肝心なところだ。地鳴りや異臭を察知しなくてはいけない。察知したら、逃げる。逃げられない場合は生存率の高い二階にあがったほうがいい。神津島では、この時、神社のほうから「坂は照る照る東は曇る。やがて此《こ》の地は水となる」という不思議な「声」が聞こえてきたとの伝承がある。これは地すべりの前兆音、地鳴りの一種であったといわれている。

安政地震後の「山崩れ」

全国に「土砂災害警戒区域」は二〇万カ所を超え、都道府県が選んだ「土砂災害危険箇所」は五二万五三〇七カ所あるというから他人ごとではない。私は古文書から大地震や大津波への警鐘をならしてきたが、「いまそこにある危機」としての土砂災害の歴史をみておくのは喫緊の課題だと痛切に感じている。土砂災害の歴史を知っておけば、本当に助かる命がある。

静岡県に住む人が手紙をくださった。「先生、静岡も富士山の火山灰だらけです。雨が降ったら地盤がゆるみます。江戸時代の土砂災害の古文書も調べてください」という。

それで、江戸時代の土砂災害の古文書を探すことにしたが、どうしたものかと考え込んだ。「土砂災害」という言葉は江戸時代にはない。

古文書を検索するにはキーワードが必要である。歴史的に、土砂災害が、どのような言葉で表現されてきたかを、まず押さえておかねばならない。

筑波大学の西本晴男教授の「土砂移動現象及び土石流の呼称に関する変遷の研究」によれば、「山崩《やまくずれ》」という表現は、古代からあったという。土石流のほか、地震、火山噴火による災害にもこの用語を使った。江戸時代になると、土石流現象を表すのに「山崩」のほかに「山《やま》津波《つなみ》」「山潮」という言葉が生まれた。「地すべり」「泥流《でいりゅう》」は比較的新しい言葉で、大正・昭和初期にならねば、国語辞典に登場しない。「土石流《どせきりゅう》」は一九一六（大正五）年、東京帝大の砂防工学教授・諸戸《もろと》北郎《きたろう》が翻訳造語した可能性が高いが、「鉄砲水《てっぽうみず》」などとともに、使用が一般化したのは、昭和になってのことらしい。

歴史時代の土砂災害の最も一般的な呼び方である「山崩」をキーワードに、静岡県の歴史文化情報センターの所蔵史料をパソコンで検索してみると、幕末の悲惨な土砂災害の古文書が、すぐにみつかった。

一八五七（安政四）年七月「庵原《いはら》郡西倉沢《にしくらさわ》村《むら》山崩れ被害届」がその一つである。西倉沢村（現在の静岡市清水区由比《ゆい》西倉沢）は薩埵山《さったやま》の崖下を東海道が海ぞいに細々と通るあたりだ。この村に「一日より強い雨が降り続き、八日夜五つ（二〇時半）頃、字《あざ》中沢奥で山崩れが起きた。落ちてきた流水が事前に発生した小さな山崩れで、せき止められていたが、それが耐えられなくなり、震動の如く鳴り響き、一時に泥水が押し出し、（東海道の）往来筋が、山坂同様になった。その時、百姓茂七の家居をはじめ四軒が皆潰《かいかい》（全壊）、五軒は半潰《はんかい》（半壊）となり、即死人が二人出た」。

村人は被害に立ち尽くした。村が「土下に埋まり、屋根ばかりが見えるので、（村人の）それぞれが掘りだし調べたところ、茂七の家の娘ぜう（一五歳）と、同家に泊まっていた親類、東倉沢村勘四郎娘しげ（一七歳）の二人が逃げ出す間もなかったとみえ、即死していた。外に男二人も土中にいたが、彼らは無事でさしたることもなかった」。二遺体を収容した後、村人は役所にこう報告している。「安政地震で山の地盤が緩んでいたのが強雨で落ちたのだろう。薩埵山には危うい場所もあったが、村の裏山はこれまで山崩れなどもなく、油断していた。寝間着のまま飛び出し、家具一品も持ち出さず、そのまま家居は泥中とあいなった」。

後日談がある。私が、右の原稿を書いたのは、二〇一三年一一月だが、二〇一四年一〇月になって、本当に、薩埵山の崖が崩れ、東海道本線が不通になった。少女の「ぜう」と「しげ」が亡くなった場所の西隣が崩れ、列車が一〇日ちかく通わず、人も貨物も運べず大変なことになった。土砂崩れがおきそうな場所は歴史が教えてくれる。自治体や鉄道会社は事前に手を打っておいたほうがよい。

「蛇落地」に建てられた団地

土砂が崩れそうなところを、歴史に学んで知っておくことが大切なのだが、二〇一四年八月になって、それを痛感させられる大災害がおきた。広島市安佐南区八木《あさみなみ やぎ》などで大規模な土砂崩れがおき、多くの犠牲者が出た。悔しくてならない。

私は二〇一三年一一月に『朝日新聞』で伊豆諸島の神津島の土砂崩れを取り上げ、「早めに安全そうな場所に避難するのが一番だ。土砂崩れには、しばしば前兆がある。地鳴りや異臭を察知しなくてはいけない」と、呼びかけたが、津波よりも頻繁に襲ってくる山津波（土砂災害）について、もっと取り上げておけばよかったと思った。

「あの広島の土砂崩れ現場の古文書を見直しておきたい」。悔しさを胸に、私は浜松から新幹線に乗り、東京都立中央図書館で、八木地区に関する古い記録を探した。まず八木が広島市に合併される前の自治体史『佐東《さとう》町史』をみた。

「本町の扇状地は、背後に急斜地を持つことから、幾度もの土石流が重なって形成されたと考えられる。角ばった巨礫《きょれき》を多く含み、斜面の途中に突き出た段丘が見られる（中略）が、これは土石流の原形といえる。緩斜面は、現在県営住宅を中心とした宅地化が進み、平坦化《へいたん》されている所もある（下略）」。そう書いてあり、住宅地にありありと残る土石流あとの竹やぶの写真が掲載されていた。

土石流が繰り返され、現物が残っているすぐ脇に、県営住宅などの団地を建設していったことが、地元の町史には、はっきり書いてあった。八木地区の団地造成は、一九三七（昭和一二）年に三菱重工広島製作所の従業員団地の造成を相談されたことから、はじまった。そして、高度経済成長期には、グリコや雪印の牛乳工場の誘致とあいまって、団地化が急速に進んだ。

この時代の日本人は技術と経済成長の信者であった。自然はコントロールできると、人間の優位を驚くほどに信じた。土砂崩れにしろ、原発事故にしろ、この時代の思想のツケを後代の我々は、いま払っている。

この地の領主が「自然に勝てる」と思いはじめたのは、戦国時代のことであったらしい。前近代には土砂崩れは「蛇崩《じゃ》れ」「蛇落《じゃらく》」などといい、大蛇の出現になぞらえられた。一五三二（享禄《きょうろく》五）年の春、「八木村の内、阿生《あぶ》（阿武）山の中迫《なかさこ》という所に、大蛇が現れて往来を悩乱」したが、香川勝雄という十五人力の武士がこの大蛇を斬って退治した。そのように、八木を治めた香川一族の子孫が著した『陰徳《いんとく》太平記《たいへいき》』に自慢げに書いてある。

広島藩の地誌『芸藩通志《げいはんつうし》』によれば、「八木」は平安中期の『倭名抄《わみようしよう》』（和名類聚抄《わみようるいじゆしよう》）に「養我《やぎ》」とある古い地名である。この八木村の土地台帳「地ぶり帳」（一七六二〔宝暦一二〕年）をみると、上楽寺《じようらくじ》（上楽地）という字《あざ》がある。そういう名前の寺があるからだが、気になるのはこの地にある観音堂が「蛇落地観世音菩薩堂」とよばれ、さらに、近所に「蛇王池大蛇霊発菩薩心妙塔」と刻まれた碑が立っていることだ。この碑自体は新しいものだが、土砂崩れをおこす大蛇の霊を祀《まつ》ってなぐさめ、菩薩心をおこさせて、村の安寧を祈ってきたさまが想像される。蛇王池は、香川勝雄が退治した大蛇の首が飛んで落ちた地だという。

上楽寺は元来「蛇落地」から名付けられた可能性を考えねばならぬ。それが江戸期には上楽寺という楽しそうな地名になったのかもしれない。『佐東町史』にはこの地に古くから伝わる「蛇落地観世音像」の写真もある。そのお顔は慈悲深い。みているうち、なんともやりきれなくなってきた。

2　高潮から逃れる江戸の知恵

江戸を一変させた台風

二〇一三年一一月、フィリピンで台風三〇号による高潮災害がおきた一週間後、私は一通のメールを受け取った。差出人は松井一明さん。

「私は（静岡県）袋井《ふくろい》市の歴史文化館の学芸員です」とあった。

袋井市には高潮や津波など自然災害に遭ってきた歴史があること。古来、村人たちは身を守るために「大囲堤」という輪中《わじゅう》堤防や、「命《いのち》山《やま》」という避難用の高塚を築いてきたこと。一一月二九日まで休館日なしで特別展示「江戸の命山と自然災害の歴史」を行うことなどが書かれていた。展示期間終了後も堤防や命山の模型はみられるという。

「行かねば」と思った。高潮・津波から村人が身を守る命山は各地にあるが、それをテーマにした展示は聞いたことがない。早く見たい。私は静岡文化芸術大学で歴史学の講義をすませると、自転車のペダルを力いっぱい踏みこんで、最寄りのＪＲ浜松駅に向かった。東海道線に飛び乗って一五分ほどで袋井駅につき、そこからタクシーを雇って、歴史文化館にたどり着いた。

学芸員の松井さんを探す。ちょうど市民に展示の説明をされていた。市民の方々の目は真剣そのもの。先祖の苦難の歴史であり、今後、自分の命にもかかわる話だから、質疑が活発にかわされていた。

「江戸時代の防潮堤は地元の土で作られたのか？」

「はい。自然堤防の芯《しん》の上に地元の土砂と粘土を混ぜて盛り上げてあります。防潮堤はメンテナンスが大事です」

松井さんは、丁寧に高潮の古文書を案内してくれた。この地域は、繰り返し高潮の被害をうけているが、一六八〇（延宝《えんぽう》八）年閏《うるう》八月六日の台風による高潮はとくに激烈なものであったという。

この時の台風は江戸時代最大ともいわれ、江戸でも被害が甚大であった。『玉露叢《ぎょくろそう》』という記録に、このような記述がある。「(この台風が)江戸市中で吹倒した家は三千四百二十軒余。本所《ほんじょ》・深川《ふかがわ》方々で溺死七百余人。濡れた米が二十万石余。本所・深川・木挽町《こびきちょう》・築地《つきじ》・芝《しば》へ向って高潮があがった。所により家の床より四尺（一・二メートル）、五尺、或《あ》るいは七尺、八尺（二・四メートル）である」。

床面から測って二・四メートルの浸水だから、海抜三メートルを越える高潮が、現在の東京にきて、江東区深川から中央区銀座・築地、港区芝を浸けたことがわかる。東京都心の低地は、津波がこなくても高潮で海抜三メートルまでは繰り返し浸水してきた歴史があることを知っておきたい。

延宝八年の台風は、江戸の雰囲気を一変させた台風だ。俳人・松尾芭蕉《ばしょう》は、この年の冬、溺死者を出した深川に庵を結んで移り住み、新しい俳諧文化を築いた。

袋井市でも三メートル近い高潮が低地の村々の人畜を呑みこんでいった。「この史料がそうなんです」と、みせてくれた古文書が『長溝《ながみぞ》村《むら》開発由緒書』であったので、私は思わず「あっ」と声をあげた。災害史の重要史料で『浅羽町史《あさばちょう》 資料編二』で全文が解読紹介されているが、原本はめったにみられない。この『由緒書』は「延宝八年」と書くべきところを「寛文八年」と誤記していたが、そこに記された高潮の悲惨さは想像を絶するものであった。

哀しき古文書——高潮に襲われ、子を突き流す

この『長溝村開発由緒書』ほど哀しい古文書をみたことがなかった。静岡県袋井市の歴史文化館のガラスケースのなかに、それはあった。虫に喰《く》われたその史料は、現世《うつしよ》の苦しみを、私に語りかけてきた。

一六八〇（延宝八）年閏八月六日、長溝村のある浅羽庄《あさばのしょう》（袋井市浅羽地区）は激烈な高潮に襲われた。海水に呑みこまれ「老若男女三百人」が死んだ（『百姓伝記』）とされる。遠州地方（静岡県西部）では、台風による高潮がくる時「富士おろし」という大風が吹く。富士山からの東北の風が次第に南風に変わり、その南風に背中を押された大波が押し寄せ、村々を呑みこむ。

そのあとは地獄絵図だ。『由緒書』はこう書く。「家々が押し流され人々は天井に登ったが、天井まで海水が満ち、屋根を（鎌などで）切り破って棟に登る。棟に取りついて流されて行くうち、たちまち波に打ち砕かれ、死する人が多かった」、「橋に流れついた死人は、ただ藻《も》が浮いているかのようにみえた」。水害時は天井を破る道具が必要になるのは覚えておきたい。

この時の死者を領主・本多《ほんだ》越前守利長《としなが》は「士民の家、六千余、流れうせ、溺死のもの三百人余」と幕府に報告している（『常憲院殿御実記』）。しかし、『由緒書』には「ゆくえ知れず、死する人、四五千人と風聞」とある。

とにかく、恐ろしい被害であった。当時、このあたりの人々は、こういったという。「娘を持っていても、海辺通りへの縁組などは、かならず無用」。高潮に襲われる海岸部へは娘を絶対に嫁がせない、という意味である。

そこまで読んだところで、私はみつけた。「右の高潮から五、六十年も過ぎただろうか。哀れな話を聞いたので書きつけておく」とあった。

小口市場村《こぐちいちばむら》（袋井市浅名《あさな》）の庄屋・喜兵衛という人が隣の商店にいたところ、白髪の老人がやってきて、かたわらに腰かけた。たまたま、その店に遊びにきていた客が、昔の高潮の話をするのを、その老人はじっと聞いていたが、次第に、はらはらと涙を流し、こう語りはじめた。

「皆様の話をきき、思わず、涙を浮かべました。私はあの高潮の時は若い盛り。幼子が一人いました。あの高潮に打ち流され、その子を背中に背負い、それこそ生死の境で波間を、あっぷあっぷと泳ぎ流されました」

「龍巣院《りゅうそういん》（袋井市岡崎《おかざき》）の山近くまで泳ぎよったところで、精根つかれ、波に沈み死にそうになったので、『この子を背負ったままでは、この大波を逃れ難い。二人とも死ぬ。なにとぞ一人は助かって先祖の跡を絶やすまい』と思い定めて、背中の子を、もぎ離し、波に捨てようとすれば、子は（それを察して）悲しがり、しがみ付く。それを又、引きはがす。すると又『わっ』といって、子が又しがみつく。それで、力が次第に弱り、限界になったので、心が弱くては駄目だと思い切り、子をもぎ放し、わざと波に押し込んで突き流して、ようやく我が命ばかりは助かり、今日まで生き延びました」

「年が積もり、白髪の老人となったのですが、夜も、昼も、あの時のことは忘れられません。それで皆様のお話に思わず涙を流してしまったのです」

この老人は「大野村《おおのむら》（袋井市大野）の人の由」と『由緒書』は伝えている。

台風は藩をも吹き飛ばした

そして、この台風が引き金になり、大名が領地を召し上げられることになった。静岡県袋井市の浅羽庄一帯を襲った一六八〇年八月の台風と高潮はなんと、藩まで吹き飛ばし沈めてしまった。

浅羽庄は戦国時代以前から高潮に襲われてきた。「むかし永禄《えいろく》年中

（一五五八〜七〇年）に津波が入った時も（横須賀《よこすか》の）御城の東の村々、南の村々……海辺に近い所へ、八月の南風の時化《しけ》で波が三つ入り、老若男女千余人が水潮で溺れ死んだ。北西の山際に（遺体が）打ち上げられ、地元民が墓を築き、いまもある」と、『百姓伝記』という書物に記されている。それで、江戸初期に幕府の役人伊奈《いな》備前守が「浅羽輪中へ水、入らざるように」、川の流れを付け替え、天然の砂丘堤防を利用した防潮堤も築いていた（『長溝村開発由緒書』）。

しかし、一六八〇年八月の台風による高潮はこの防潮堤を乗り越えてしまい、浅羽庄のそばにある横須賀城の城内にまで高潮が入り込んだ。城主は本多越前守利長。この大名が高潮被害への対処を誤り、破滅していくさまは『横須賀根元暦代明鑑』という記録に詳しい。静岡市にある県立歴史文化情報センターで写真版がみられる。

思いきって、新幹線に飛び乗り見に行った。やはり迫力のある史料だった。江戸後期の記述だから内容すべてを信じることはできないが、横須賀城が高潮に襲われる様子は詳細だ。「大潮入り、城の外柱にて九尺（二・七メートル）、牛馬多く流れ死す」、「御城内にリョウ舟（漁船）流れ入る」とあった。城でも三メートル近い浸水とはすごい。

領主本多家は、高潮で大砂原と化した領地をみて茫然とした。このままではいけないと、領土である浅羽庄全体を囲う大防潮堤＝大囲堤の建設に着手した。この堤は高さが約五・五メートル、総延長一四キロ。被害をうけて四カ月後の翌年「正月より普請（土木工事）をはじめ」ている。

ここで悲劇がおきた。領主本多家はこの工事を行うために農民から過酷な徴発をはじめたのである。大防潮堤の建設には延べ人数で「五万人あまりかかり、この人数は（本多家の）領地の村々・城下の町人にまで割り当てられ、（被災農民への）扶持《ふち》米も与えず強行された」。

つまり、本多家は本来領民を守るはずの大防潮堤を、飢える領民をただで働かせ、無理やり造らせた。そのため、農民は高潮で家も食料も失い、田畑は塩害で収穫が見込めないなか、「百姓困窮第一也」と悲惨な状態になった。通常このような激甚災害の場合、領主は年貢を引き下げる。領民が逃亡するからだ。

ところが、本多家は信じられない命令を出した。年貢率を総石高の六％引き上げたのである。現場の地方《じかた》役人は反対したが、増税を強行。

「百姓どもアキレ果て、のきぞるばかり也」とある。本多家は、大庄屋の裁量で領民を監視する足軽を巡回させ、年貢を督促。払えない百姓は弾圧した。「(百姓の)女房を水田の中の竹矢来《たけやらい》(牢屋)に、昼夜十二月末まで水の中に置いた。男は縛り、裸で寒中、水を浴びせ、凍えさせ殺した村もあった」。

幕府が動いた。高潮から二年後、本多家はさすがに幕府から非道をとがめられ、横須賀五万石を改易となった。のち出羽村山(山形県)に一万石を与えられている。

三五〇年受け継がれる「命山」

陰陽師《おんみょうじ》・安倍晴明《あべのせいめい》が津波を呪術《じゅじゅつ》で封じた晴明塚という塚が静岡県掛《かけ》

川《がわ》市大渕《おおぶち》にあるという。みたくて仕方がなくなり、妻が「朝ごはんぐらい食べていって」というのを振り切り、家を飛び出した。

高潮の後、この地の領主・本多越前守利長が悪政をしき、領地を召し上げられたのだが、本多は良いこともしていた。防潮堤の工事をしていたのだ。「(過去に来襲した)高潮の高さを測り見て、寛文年中(一六六一～七三年)に、本多越前守殿は、浜辺の村々に『水塚』を築いたので村々の男女は心安く住居した」と『百姓伝記』にある。「水塚」は「命山」ともいう。津波や高潮がきた時に低地の村人が駆け上がる避難用の土盛りのことだ。

この命山は今もある。袋井市中新田《なかしんでん》の命山は五メートル、同市大野の命山は三・五メートルの高さがある。津波防潮堤と避難タワーの整備は、いまでも遠州灘の自治体の課題だ。袋井では三五〇年前から公権力がそれをやっていた。

陰陽師が津波を止めた塚へ行く途中、命山もみたい。私は、妻に手渡されたリンゴ一切れを口にくわえたまま浜松駅バスターミナル八番乗り場に急いだ。そこから二時間に一本しかない横須賀行きのバスに間に合った。

しばらくして、車窓に真言宗の頭陀寺《ずだじ》がみえた。このあたりは豊臣秀吉が一五歳から一七歳までいたとされる。一瞬、バスを降りたい衝動にかられたが、我慢した。

バスは遠州灘の海から一・五キロの低地を走っていく。津波被害が警戒される一帯である。ところどころに、津波避難タワーがみうけられるようになった。袋井市の湊《みなと》というところまできて、びっくりした。「平成の命山」という看板。高さ八メートル（海抜一〇メートル）ぐらいの真新しい土盛りの山が建設されていた。「あれが命山ですか？」。思わず、バスの運転手さんにきいた。「そうです。もう完成です」。頂上部は一三〇〇平米あり、事業費は約一億五〇〇〇万円だという。当初は高さ一〇メートル（海抜一二メートル）の命山を造る計画だったが、自治体の命山周辺の津波浸水深の想定が一〜二メートルだということで、高さを二メートル低くし、海抜一〇メートルの山にしたという。袋井市には国や県が最大一一・四メートルの津波がくると想定している。

この命山の高さが決まるまでには、いろいろな議論があったらしい。

二〇〇四年のスマトラ沖地震の時、バンダ・アチェという平野の町に一二メートルの大津波がきた。平成の命山と同じ内陸一・五キロ地点では海抜七・五メートルまで水がきたと推定されている（都司嘉宣他『Journal of Disaster Research』一号）。この命山は海抜一〇メートル。津波の浸水深は海べりの砂丘の高さや丈夫さ、波の周期、回数など複雑な要因できまる。予測が難しい。住民の中にもう少し高さが欲しいという声があるのも理解できる。

専門家でも津波の予想は難しいなら住民のいうように、命山は高すぎるぐらいがちょうどよい。想定はあくまで想定で、原発事故でわかるように「想定外」もある。私は想定よりも現実におきた実例史実を重んじる主義だから、用心にこしたことはない。

陰陽師・安倍晴明が津波を封じた塚

袋井の命山をみたあと、足をのばして、隣の掛川市に入った。みたいものがあった。陰陽師が津波を封じた塚である。そもそも、私が「陰陽師・安倍晴明が津波を封じたまじないの塚」の存在を知ったきっかけは『遠江古蹟図絵《とおとうみこせきずえ》』であった。この書物は一八〇三（享和《きょうわ》三）年に掛川城下（静岡県）の葛布屋《くずふ》・兵藤庄右衛門《ひょうどうしょうえもん》が五年の歳月をかけて地元の史跡・伝説などを実地に踏査し、絵入りで書き上げたものである。そのなかに「晴明塚」として、こんな記述があった。

藤塚村《ふじすか》（現在、行政上は「ふじつか」）というところに晴明の塚がある。当国（遠州）七不思議の一つだ。昔、安倍晴明がここに来て、卜筮《ぼくぜい》（占い）をやり、「この村には近日中に津波がきて人家が流され溺死者が多く出るだろう」と嘆いた。村人は驚き「その水難を避ける方法があるか」ときいた。すると、晴明は「この浜辺に塚を築いたらよい」といって、赤色の石を集めてしきりに並べ山のように積み上げた。そして「この塚より内側には波が入ることはない」といった。果たして、その翌日、大津波が襲来して、浜辺の人家は、みな流された。藤塚村だけが残り、ほかの村は一軒も家が残らなかった。不思議なことだ。

その山の高さは二間（三・六メートル）あまり。石を敷いている。この塚の上に子どもが上がって、土砂や石が下へ崩れ落ちても一夜のうちに元に戻るという。また、ここの赤石を人が持ち帰ると、たちまち祟《たた》りがあり、狂気するので、人はみな怖れている。

とんでもないものが、あるものだと思った。バスが終点の遠鉄バス横須賀車庫（掛川市西大渕）につくと、私は晴明塚を探しはじめた。タクシーなら詳しいだろうと思い、運転手が二人しかいないという「遠鉄タクシー大須賀営業所」に飛び込んだ。私は生涯で一番、奇妙な行き先を叫んだ。「すみません。陰陽師が津波を呪力で止めた塚に行きたいのですが」。運転手さんはキョトンとした。しばらくして、「ああ。そんなのありますね」といった。晴明塚を知っているらしかった。

タクシーは、私を乗せて走り出す。メーターが一〇〇〇円をこえたあたりで停車した。「ここですよ」。その藪のむこうに晴明塚はあるという。なんと運転手さんは車を降りてついてきてくれた。海に近い砂丘の一角にそれはあった。小豆《あずき》色の赤石が累々と積まれた塚があり、一種、異様な空気が漂っていた。

今はこの赤石を持って帰っても大丈夫らしい。むしろ持ち帰りの習俗ができていると、運転手さんが教えてくれた。「交通安全のお守りだといって赤石を持って帰ります。うちの営業所にも赤石が祀《まつ》ってあり、毎朝、制帽を脱いで、一礼し、石をなで廻した手でハンドルを握る人もおります。たしか本社にも入口のところにありました」。

津波封じの塚の呪力は今も根強く信じられていた。私は塚の周囲を注意深く観察した。あっ、と思った。この塚のそばの砂丘が、この一帯で一番、海抜（標高）が高そうなのである。急いで自宅に戻り、国土交通省のネット上の地図で測ってみると、晴明塚の南側の砂丘が海抜一四・五メートルで一帯の最高地点であった。不思議だと思った。

掛川市で想定される最大津波は一四メートル。このクラスの津波がくると、晴明塚の南側だけがポッカリと島のように浮くはずだ。陰陽師の塚は、過去に津波で浸からなかった、点のような場所を示す赤い印であったのではないか。そんな空想が私の脳裏をよぎった。

大都市の高潮被害は過去のものではない

本節冒頭でも述べたが、二〇一三年一一月八日、フィリピンで台風三〇号が猛威をふるい、死者・行方不明者は五〇〇〇人を超えた。この台風は米軍の観測によれば、最大風速毎秒八七・五メートル、最大瞬間風速が一〇五メートル。フィリピンで暴れていた時の中心気圧はなんと八九五ヘクトパスカルであった。地球上の気圧の平均＝一気圧は一〇一三ヘクトパスカルだから超低気圧である。米国では一分間平均の最大風速が六七メートルを超える台風を「スーパー台風」とよぶ。まさに、化け物台風であった。

低気圧は海を吸い上げて潮位を上昇させる。気圧が一ヘクトパスカル下がると、海面は約一センチ吸い上げられる。また、台風の疾風は海水を吹き寄せて海面を上げる。風速の二乗に比例して海がせり上がる。かつて、気象庁が「並の強さ」としてきた台風の最大風速は三〇メートルほど。台風三〇号は最大風速を一分平均で出す米国式の観測で八七・五メートルの風を記録した。一〇分平均で最大風速を測る日本式でも六五メートルの風であった。風速が並の台風の二・一七倍だから、海面を上昇させる力は理論上五倍近かった可能性がある。

事実、レイテ湾の奥、タクロバン市での高潮は五メートルに達し、多数の犠牲者を出した。「こういう高潮は熱帯特有のものだ」と思ってはいけない。歴史をみると、日本の大都市にも相当な高潮がきている。

一九一七（大正六）年一〇月一日、東京に最低気圧九五三ヘクトパスカル、最大風速四〇メートルの台風がきた。東京湾の潮位は海抜（東京湾平均海面＝T．P．）三・一メートルまでみるまに上がり、高潮が市街に流れ込み、約五〇〇人が溺死した。現代人の多くは忘れているが、築地はもちろん、木挽町（現在の銀座、歌舞伎座付近）までも水浸しになった。

大阪も高潮被害に遭っている。一九三四（昭和九）年九月の室戸台風は上陸時の中心気圧が九一一ヘクトパスカルというお化け台風であった。四二メートルの風を吹き付け、大阪湾の潮位は海抜三・二メートルまで上がり、大阪市街の低地を海水が襲った。この高潮と強風雨の被害で大阪府内だけで一九〇〇人近く、全国では三〇〇〇人の死者・行方不明者を出している。

名古屋は有名な一九五九年九月の伊勢湾台風の高潮で大被害をうけた。伊勢湾台風による死者・行方不明者は五〇九八人。伊勢湾台風は上陸時の中心気圧が九二九ヘクトパスカル。七五メートルという驚異的な最大風速で、名古屋へ向かってきた。名古屋港での潮位は観測史上最大の海抜三・八九メートルまで上昇。名古屋のゼロメートル地帯での浸水の深さは五メートルに達し、名古屋港にあった材木が流木となって、住宅や人畜に襲い掛かり、被害を拡大した。

伊勢湾台風のあと、防潮堤整備の予算が増やされたこともあり、高潮被害は減った。しかし、高潮被害は過去のものではない。気象シミュレーションに詳しい坪木和久・名古屋大学教授は、地球温暖化を想定すれば、六〇年後には、現在の四倍の数のスーパー台風が、日本に上陸する可能性を指摘している。

長い時間でみると、高潮は信じられない高さで大都市を襲っている。大都市のゼロメートル地帯の高潮対策が重要だ。地下鉄の防水なども徹底しておきたい。津波と違い、高潮は数日前に来襲がわかる。スーパー台風がきそうになったら、低地の老人・子どもを早めに高台に移しておく心積もりや避難計画が必要だ。

第4章

災害が変えた幕末史

1　「軍事大国」佐賀藩を生んだシーボルト台風

佐賀県を襲った「子の年の大風」

防災史を研究していると、時折、奇妙な電話をかける羽目になる。佐賀県の小城《おぎ》市観光協会に、「もしもし大変すみません。小城市の牛《うし》津町《づちょう》に昔あった野田家という商家の正確な場所を知りたいのですが」と、尋ねた。名物の小城羊羹《ようかん》の店の場所を尋ねる電話に慣れていそうな担当者は「はあ」と面食らっていた様子であったが、親切にも丁寧に調べてくれ、あとで電話がかかってきた。

「はい。野田家でしたら番地でいえば、牛津町牛津一〇〇〇—六。

松江鉄工所の北側で今は空き地になっています」

こんな取材電話をかけたのには理由があった。二〇一四年三月一日、私は佐賀市で「『武士の家計簿』著者が語る　加賀と佐賀」という講演をした。

幕末史で対照的なのは、加賀前田家と佐賀鍋島《なべしま》家。佐賀は当時の軍事大国で、アームストロング砲など最新の火力をもって戊辰《ぼしん》戦争に参戦。派兵兵力は薩摩をはるかに超える六〇〇〇人以上と圧倒的だった。維新の前半戦は薩長が主体だが、後半戦、日本を平定する段では佐賀が実力行使の武力装置となった。

これと対照的なのが、私が『武士の家計簿』（新潮新書）で分析した文化大国・加賀だ。加賀と佐賀を比較しながら、幕末維新史を語った講演は、幸い三〇〇人の会場が満席となり、無事終わった。質問が出た。

『備える歴史学』を毎週読んでいます。われわれ佐賀県民が歴史に学んで気をつけるべき災害とはどのようなものでしょうか?」。私は即座に「この佐賀県は地震や津波よりも台風時の高潮がこわい。わかりました。今度、佐賀を襲った高潮災害について書きます」と答えた。

ある恐ろしい台風のことが私の脳裏にあった。記録上、最も悲惨な台風災害は一八二八（文政《ぶんせい》一一）年旧暦八月九〜一〇日に、佐賀でおきている。古文書には「子《ね》の年の大風」と記される。当時、長崎にいたシーボルトが気圧計で、この化け物台風を観測。今日ではシーボルト台風とよばれている。

この台風の異常さは、佐賀藩での死者数の多さをみればわかる。佐賀藩の人口は当時三六万七〇〇〇人前後であった（城島正祥「佐賀藩の人口統計」『史学雑誌』八二―九）。そして、この台風での佐賀藩の死者数は一万二八五人（「宝暦現来集」）。あろうことか、藩人口の二・八％が死んだ。

佐賀は内湾の有明海に面して土地が低い。佐賀の人たちの顔を見ているうちに、私は「たった一回で藩人口の三％近くが死んだ台風災害とは、どのようなものか調べなくては」と思った。東京の図書館で、佐賀で記された江戸時代の日記などを探してみると、この台風の高潮の浸水の深さをうかがわせる史料がみつかった。その一つが、小城市の『野田家日記』であった。佐賀平野での被害の一般論かもしれぬが、この日記には「この悪風につき大汐、床にあがる」とあった。

そこで小城市観光協会に電話をかけたのである。「江戸時代に佐賀を襲った史上最大の高潮被害を知るために、床上まで海水がきたという野田家の正確な位置と海抜を知りたい」と。

結果、判明した野田家の海抜は四メートル。当時の民家の床の高さは平均七〇センチ。果たして海抜四・七メートルの場所に海水がきたのか。考えるうち、さらに古文書がみつかった。

史上最悪、五メートル超の高潮

佐賀平野は土地が低い。気圧の低い超巨大台風は海水を吸い寄せて海面をあげ、また陸地に海水を吹き付けた。あっという間に高潮となり、佐賀平野の南部は海の底に沈んだ。その沈んだ範囲は、どれぐらいに及ぶのか。この超巨大台風の時、佐賀の有明海の海面は平常時より、どれぐらい高くなり、堤防を乗り越えたのか。気になる。

シーボルト台風の高潮については、気象庁の小西達男氏が「一八二八年シーボルト台風（子年の大風）と高潮」という論文を書いている。被害は北部九州一帯と長府藩《ちょうふ》（山口県下関市《しものせき》）に及び、一万九一一三人が死亡した。シーボルトの気圧計による観測などから、この台風の規模を推定すると、中心気圧九三五ヘクトパスカル、最大平均風速は五五メートル、上陸前後の時速は五五キロになるという。

速くて風も強いこのモンスター台風が満潮時の有明海を直撃した。小西氏は、何メートルの高さかを推計している。佐賀県の筑後《ちくご》川河口付近では四・五メートルを超え、周防灘《すおう》でも四メートル、博多湾でも三・五メートル以上の潮位偏差になるという。なんと福岡県大川《おおかわ》市の若津港《わかつこう》では、潮位が「平均水面上六・三メートルまで及」ぶ計算結果になったという。

近代の気象観測史上、最大の高潮は伊勢湾台風の三・八九メートルとされる。それをはるかに超える高潮だ。本当だろうか、と思ったが、自分の目で古文書を調べてみて、小西氏の高潮の高さ推計は大げさでないと確信した。

私が注目したのは「前代未聞実録記」(『浮世の有様』所収)という大坂商人が記した史料である。佐賀城下に商用で出張中であった大坂商人が、前代未聞の台風と高潮被害に行き当たり、一部始終を記録している。このなかに高潮で浸水した深さを数値ではっきり記入している箇所が何カ所かある。たとえば、この商人は佐賀城下本庄町《ほんじょうまち》、現在の佐賀大学近くに滞在していたが、こう記す。

「風も厳しくなり、未申《ひつじさる》（南西）へ廻って吹きたて、大海よりは津波が出たのだろうか、川々は大洪水となり、川辺の大道に二尺（六〇センチ）ばかりも水が上がり、逃げ行く方もなかった」

ここは現在、海から約四キロ、海抜三・五メートルの地点である。高潮によって行き場を失った川の水が佐賀城下にあふれ、六〇センチの浸水であったことがわかる。

また「諸富《もろどみ》という所は大船の入る津（港）である。ここも土居（堤防）より上へ汐（海水）が上がり、流れた家がある。すべて家の床より三尺（九〇センチ）ばかり汐が上がった」とある。佐賀市諸富町の旧村落は海抜三・八メートル前後。床（高さ約七〇センチ）より九〇センチ上まで海水がきたとすれば、海抜五・四メートルまで高潮がきたことになる。

諸富より海に近い大野島《おおのしま》（福岡県大川市大野島）では「大高汐で津波が出ました。所の堤より上へ八尺（二・四メートル）ばかりも汐が上がりました」とある。堤防に囲まれた輪中の旧村落（字・潟島《がたじま》）は高いところで海抜三メートル弱だから、江戸時代の堤防はこれと同じか、高かったはずである。

三メートル＋二・四メートル＝五・四メートル。史上最悪のこの台風の高潮が有明海沿岸で五メートルを超えたのは間違いなさそうである。恐ろしさに古文書を読む私の手が震えた。

巨大台風が招いた藩主交代

自然災害の日本史への影響はとてつもなく大きい。幕末、佐賀藩が日本最高の科学技術国となり、最強の軍事力をもつにいたったのは、学界の通説では「一八〇八（文化《ぶんか》五）年のフェートン号事件がきっかけ」とされているが、実は台風も影響していた。

佐賀藩は福岡藩と交代で、ヨーロッパ船から長崎を警備する役目を担っていた。徳川三代将軍家光《いえみつ》の時代に、貿易から締め出したポルトガルが報復攻撃にやってくると踏んだ幕府が命じたのである。そのため、普通の大名は一年交代で江戸に詰めたが、長崎を警備する佐賀・

福岡両藩は、江戸にいる期間を幕府からまけてもらい、一〇〇日だけでよかった。それで、この二つの大名は「百日大名」とよばれていた(毛利敏彦『幕末維新と佐賀藩』)。

佐賀藩が長崎で外国船と本当に戦う羽目になったのがフェートン号事件であった。一八〇八年旧暦八月一五日、突如、イギリスの軍艦フェートン号が長崎湾に侵入。出島のオランダ商館員を人質に取った。

太平の世にあって、佐賀藩は警備人数を減らしており、休みで、警備兵の多くは佐賀に帰っていた。それで日本側はなすすべがなかった。イギリス軍艦は人質と水・食料との交換を要求。海軍力で脅された日本側は、しぶしぶこの要求に応じ、イギリス軍艦は物資をせしめて悠然と去った。

佐賀藩は大失態である。当時の藩主・鍋島斉直《なりなお》は幕府から一〇〇日の謹慎処分をくらい、天下に大恥をかかされた。ここにいたって、佐賀藩では、いかにして西洋軍艦に立ち向かうかが真剣に議論されはじめた。幕末維新期の情報史に詳しい明海大学の岩下哲典《てつのり》教授によると、佐賀藩では「捨て足軽」という恐ろしい作戦が検討されていたという。足軽の胴体に火薬をつけ、敵の外国船に乗り込んで自爆する。現在でも、西洋の軍事力に自爆攻撃を仕掛ける悲しい出来事がたえないが、人類史上はじめて、これを計画したのは、佐賀藩であったろう。

このように、フェートン号事件が佐賀藩変貌《へんぼう》のきっかけになったのは間違いないが、それだけではない。自然災害も影響していた。農業社会であった前近代の歴史分析は自然の影響を過小評価してはならない。藩主斉直はフェートン号事件のあとも二〇年以上、佐賀の藩政を仕切ったが、一八二八年、史上最悪の超巨大台風＝シーボルト台風に領国を直撃されたのち、退陣することになったのである。

この台風で佐賀藩は全人口の二・八％が死亡。「肥前国もつなみ（高潮）にて半国は潰れ申し候」（「宝暦現来集」）と、低湿地の多い佐賀藩領は耕地の半分が駄目になった。財政の半分ちかくを借金でまかなっていた佐賀藩の政治は、これで完全に行き詰まった。斉直には多くの側室と四六人の子どもがおり、浪費癖もあったので、引退が藩政の立て直しには不可欠であった。かわって登場した後継の新藩主は満一五歳の若者。鍋島斉正《なりまさ》（のちに直正《なおまさ》、閑叟《かんそう》）であった。超巨大台風に直撃されたことを直接のきっかけに佐賀藩の変身がはじまったのである。

少年藩主の財政再建

日本史上最悪のシーボルト台風に襲われた佐賀藩は、一八三〇（天保《てんぽう》元）年、満一五歳の新藩主・鍋島斉正を擁立して、藩の立て直しをはじめたが、容易ではない。

当時、佐賀藩には家数が「八万余軒」（「前代未聞実録記」）あったが、そのうち約三万五〇〇〇軒が全壊、約二万軒が半壊していた（「宝暦現来集」）。領内の家屋は半分ちかくが倒れ、半壊も入れれば、約七割が駄目になっていた。作物の被害もひどいもので、幕府公認の佐賀藩石高三五万七〇〇〇石の約九割にあたる三一万石余が「損毛高

（被害高）」となったから、山と積みあがったそれまでの借金を返済するどころではなく、藩の財政は破綻《はたん》状態となった。

少年藩主・斉正が初めてお国入りをしようと、江戸を出発した時、その事件はおきた。朝、美々しく大名行列を仕立てて、江戸をたち、品川宿に到着したが、そこから行列が一歩も動かなくなってしまった。もうとっくに昼飯は食べた。初のお国入りで、心は勇み立っている。若い斉正が「早く出発せよ」と、しきりに催促するが、夕日が落ちてきても行列が動かない。「なぜだ」と問い詰めると、側役たちが白状した。「江戸屋敷の予算が枯渇。供侍《ともざむらい》に支度金を支給できませんでした。殿様の出発ときき、日用品を掛け売りしていた商人たちが一斉に代金請求に押しかけ、供侍が（商人に「借金を払え」と）足止めされて、大混乱となり、出発が遅れております」。

斉正は険しい顔になり、嘆いていった。「財政難と聞いていたが、ここまで甚だしいとは。一国の太守として既定の帰国にあたり、小さな商人に日用品の支払いすらできず、一日を空費してしまった。ああ、国計（財政）はここまで窮迫していたか」と、「落涙滂沱《ぼうだ》」した（『鍋島直正公伝』第二編）。

ただ、困れば、考えもするし、覚悟をきめて行動もする。斉正は、儒者の古賀穀堂《こがこくどう》と一族の鍋島茂義《しげよし》の二人をブレーンにして必死に改革に乗り出した。

佐賀につくと、施政方針をだした。根本理念に掲げたのは『論語』の「節用愛人」という言葉であった。「用を節して人を愛す」とよむ。

財政を節約して人をいたわる。年貢収入でやっていけるよう、無駄遣いをやめ、武士と領民に負担をかけないようにしたい。「少しずつ四民（士農工商）が安堵《あんど》できるようにしたい」ともいった。被災後に国の立て直しを迫られた時、この少年藩主は「四民が安心して暮らせるように」、これが自分に課せられた課題だと、はっきり意識し宣言したのである。

きっかけがあった。佐賀藩主は国許《くにもと》に入ると、佐賀城の南、約二・五キロの正定寺《しょうじょうじ》に参詣《さんけい》する。そこには歴代の徳川将軍の位牌《いはい》がまつってあり、それに手を合わせて徳川に忠誠のポーズをとる。斉正も城を出て参詣に向かったが、途中、二年前のシーボルト台風で倒れた家にそのまま住む領民をみてしまった。「（城の近くの）わずかの途中でさえ、この有様。領内の端々では、どんな状態だろうか」。不憫《ふびん》に思った斉正は扶助の徹底を指示している（『直正公譜』）。

だが、斉正の行動はここから途方もない方向に向かっていく。

西洋文明への目覚め

一八三〇年旧暦閏三月二八日に斉正は初めて佐賀城に入ると、なんと同四月七日には、もう佐賀をたって、一〇日には長崎入りした。翌一一日から二日がかりで現地視察をはじめた。まず幕府の長崎奉行所にあいさつに出向き、佐賀藩の長崎警備の陣場となる聖福寺《しょうふくじ》（長崎市玉園町《たまぞのまち》）や内目《うちめ》（長崎港内）・外目《そとめ》（同港外）の台場をみて回った（『直正公譜』）。

しかし、少年の好奇心はそれだけでは満たされなかった。なにしろ、斉正を育てた学者古賀穀堂が変わっていた。「西洋諸国は天文・地理・器物・外科等に唐土万国よりも詳しい……治国の制度にも色々面白いことがあって、経済の助けにもなる。肥筑両国（佐賀・福岡両藩）は長崎（警備）のお勤めで万国の抑えをなされるから、いずれ蘭学の人がいなくてはかなわない」（『学政管見《がくせいかんけん》』）という思想の持ち主。天文・地理など技術的な面はともかく、国を治める統治にも西洋の制度を利用して経済の助けにするなどという、当時としては過激な考えをもっていた。さらに鍋島の一族には武雄《たけお》領主の鍋島茂義という蘭学好きがいて、斉正はこの二人をブレーンに改革をすすめていた。

長崎をみた斉正は、あろうことか、「出島のオランダ館に行きたい。

あそこにある西洋帆船の実物をみたい」と思いはじめたらしい。幕府側との調整の末、とうとう七月四日に、長崎の唐人屋敷（中国人居住地）と、出島のオランダ館を見学。翌五日には、停泊中のオランダの西洋帆船に「乗り込みて構造の内景を見」ることに成功した。これはインドネシアのジャワ島で建造されたオランダ商船だったが、ちゃんと西洋式三本マストをもっていた。当時、大名が西洋船にみずから乗り込んで見学するなど例のないことであった（『鍋島直正公伝』）。

藩主みずからが西洋帆船に乗りその構造をみた段階で、佐賀藩は日本中どこにもない異常な藩になった。鍋島茂義は火縄でなく火打ち石で点火する西洋銃を購入。オランダ式の銃陣の研究をはじめ、兵の洋式化をすすめた。以後、戊辰戦争まで佐賀藩は他のどの藩よりも軍事技術で最先端をいった。最新式の銃はまず佐賀藩が採用し、佐賀藩で旧式化した銃を他藩が買った。

一八二八年のシーボルト台風の被害から立ち直るために、佐賀藩に西洋文明を重視する改革派勢力が登場。これが日本国内に佐賀藩というミニ西洋工業国家を誕生させ、この権力体が、のちに東芝の元祖となる田中久重《たなかひさしげ》（からくり儀右衛門《ぎえもん》）を雇い、大砲製造を命じるなどあらゆる西洋文物の国産化を試させた。日本中の藩も佐賀藩にならって大砲を鋳造する反射炉（溶解炉）の建設などをはじめたのである。未曽有の台風は日本の近代化に絶大な影響を与えた。

「捨て足軽」という自爆部隊

佐賀藩では、シーボルト台風の甚大な被害をきっかけに改革勢力が登場した。この改革派は、西洋の軍事科学をよく理解しており、鍋島斉正という少年の藩主をすぐに長崎視察に連れて行って、オランダの西洋帆船に乗せ、西洋の実態をみせた。

普通の大名ではありえない。第一、幕府が許さない。なぜ斉正は西洋帆船に乗れたのか。

佐賀藩は福岡藩とともに、長崎湾を外国船から防衛する特殊な藩であった。ところが、一八〇八年にイギリスの軍艦が侵入するフェートン号事件がおき、佐賀藩は長崎湾を守れず、オランダ人を一時人質に取られた。責任をとって幕府の長崎奉行が詰め腹を切らされた。それで、幕府側は、佐賀藩に「防衛上、西洋帆船を知っておく必要があるから」などと主張されれば、認めざるをえない事情があった。

なにしろ、長崎のまわり、諫早《いさはや》付近や、伊王島《いおうじま》など長崎湾の島々は佐賀藩の領地であった。長崎湾に浮かんだオランダの西洋帆船に佐賀藩主が視察に行くのは、自分の領地の沖での話であり、ほかの大名とはわけが違って、許されやすかったのである。

満一五歳の斉正が、三本マストの西洋帆船のなかで、何を感じたかは詳《つまび》らかでないが、彼には西洋帆船の内部構造を知っておかねばならない理由があった。彼こそが、いざとなれば、西洋帆船との戦いを指揮せねばならぬ立場にあったからである。

佐賀藩は、とてもかなわぬ西洋軍艦と戦うため、「捨て足軽」という一種の特攻隊を用意していた。西洋の圧倒的な軍事技術への対抗手段として、非西洋は、しばしば「自爆攻撃」という無茶をやってきた。昭和期日本軍の特攻がそうであり、イスラム過激派による自爆攻撃が今日もたえない。西洋への自爆攻撃を組織的に準備した最古の歴史的事例は、佐賀藩・福岡藩の可能性がある。

これについては、明海大学の岩下哲典教授が「異国船一件　渡辺」という史料などをもとに詳しく研究しておられる（岩下哲典「一八世紀～一九世紀初頭における露・英の接近と近世日本の変容」、笠谷和比古編『一八世紀日本の文化状況と国際環境』所収）。この史料には次のような恐るべき内容が記されていた。「黒田公（福岡藩）の（防備の）手当ては、万一、オランダ船の本船へ乗り込んだとき、捨足軽といって、八十人ばかりに、めいめい焰硝《えんしょう》（火薬）を小樽に詰めて肌身につけおいて、本船に乗り込んで、火をつける用意のよし。鍋島公（佐賀藩）も同様である。みな一番手（の足軽）は（火を）つけられる覚悟にみえる（下略）」。

長崎を警備する福岡藩は自爆攻撃を行う捨て足軽八〇人を用意しており、それは佐賀藩も同様であった。特攻作戦の思想は、突如として、昭和期に現れたものではなかった。

自爆攻撃を準備したのは、佐賀・福岡藩だけではない。フェートン号事件の時、長崎の町年寄・高島茂紀が「衣装の下に八〇斤（ポンド）の火薬を隠し持ち」（前掲岩下論文）、英国船フェートン号に乗り込み、オランダ人の人質解放交渉を行おうとした。身柄引き渡しを相手が拒んだら、「船内にあって艦長もろとも自爆し、さらに船をも爆破させるつもりでいた（消息筋から）。これが日本人である」。そうオランダ商館の医師シーボルトは日記に記している。

２　文政京都地震の教訓

江戸時代の医師が残した地震知識

江戸人の知識の輝きを目のあたりにすることが多い。地震をただ「揺れ」と考えるのと、伝播《でんぱ》する「地面の波」（地震波）と認識するのでは、サイエンスの知識として雲泥の差がある。江戸人のなかには地震を「波」と正しく理解している人間がいたらしい。

私の勤務先、静岡文化芸術大学のポストに見知らぬ方からの手紙が届いていた。差出人は伊予大洲《おおず》藩医の末裔《まつえい》で、ご自身も医師。なかに自費出版の本が同封されていた。

『谷村元珉純甫日記《げんみんじゅんほ》』と書題の箔が押してあり、クロス貼りの上製本である。私は早速、読みはじめた。地震の記述がないか、まず探すと、あった。

驚いたことに、谷村元珉という医師は、地震について、こう書いていた。

「地震は横に揺るるものにあらず、波の打つように、うねるもの也」

寛政《かんせい》五（一七九三）年正月七日に江戸で寛政地震にあった時、こう書いている。谷村はオランダ外科医学を学び、長崎のオランダ通詞とも親しかったから、あるいは西洋の科学にふれていたのかもしれない。

しかし、オランダから知識を得るといっても、この時代、地震学はヨーロッパでも、まだ、よちよち歩き。一七五五年のポルトガルのリスボン地震をうけ、英国人ジョン・マイケルが一七六〇年に「地震現象の観察と原因に関する推測」という論文を書いた。「地震は大地を伝わって伸び縮みする地面の波である」という学説がようやく広まりはじめた頃だ。

近代科学の最新知識を知ってか知らずか、この医者は、地震は地面の横揺れでなく、地面が波のようにうねるものだ、ときっちり書いている。この時点で、谷村はまだ大洲藩の正式な藩医ではない。市井の医者であった。このように町や村の人々の知識が世界的にみて、べらぼうに高いのが、江戸社会の特徴であった。日本人はこれまで、その知的遺産の恩恵をうけてきた。

〈谷村が経験した寛政地震は、宮城県沖の地盤が割れて発生した地震だ。この地盤の割れが狭い範囲にとどまらず大々的に連動すると、東日本大震災を引き起こしたあの東北地方太平洋沖地震のようになる。だから、しっかり研究しなければならない地震だ。

寛政地震は「江戸城書物蔵の白壁が割れ、窓が三か所落ちた」との被害記録から、江戸での震度は四とされる（「寛政五年〈一七九三〉宮城県沖に発生した地震の詳細震度分布と津波の状況」『歴史地震』第一九号）。しかし、〈谷村と家族にはよほど怖かったとみえ、「家族は大いに驚き寝ても起きても安心できず、はなはだ大揺れを恐れた。地震は防ぎようがない。家内の婦女どもを田舎に行かせようかと思った」。

しかし、谷村は、地震の揺れに「騒ぎ驚いて外に出ると、かえって怪我《けが》をするものだ。よくよく心を静めて落ちる物（落下物）に用心せよ」と戒める。江戸時代の伝統家屋は震度五弱から戸障子が外れる。震度五強なら戸障子は七割方外れて倒れてくる。震度六になると戸障子は吹き飛び、かなり多くの家が倒れ、圧死するものが出る（宇佐美龍夫「歴史地震事始《ことはじめ》」）。

そこで谷村は、どの段階で屋外へ飛び出すのがよいか記している。「戸がひとりでに倒れなければ、外へは出ぬものなり」。戸が倒れるまで（震度四）は火の用心を心がけ、戸が倒れたら（震度五）、落下物に気をつけながら屋外へ出るようにしていたらしい。

文政京都地震を詠んだ和歌

私のもとに、一本の電話がかかってきた。京都の寺町通りにある「志満家《しまや》」という古典籍を扱う古美術店からだった。女性の声で、京言葉である。

「磯田せんせですか。大徳寺の大綱《だいこう》さんが地震を和歌に詠まはった短冊が出てきましてんけど……」

大綱さんとは江戸末期の大徳寺住持、大綱宗彦《そうげん》のこと。茶の湯を好み、裏・表・武者小路《むしやのこうじ》の三千家の当主と、とくに親しかった。そのため、大徳寺の歴代のなかでも、大綱の書画は茶道家に珍重される。大綱は僧侶にしては和歌を数多く詠んだほうで、書画の作品を膨大にのこしたから、京都の道具屋では、もっぱら「大綱さん」とよび、その掛け軸が商売の種になっている。

「ほう。地震の和歌とは珍しいですね。どの地震について詠んだものかわかりますか」

「ええ。庚寅《こういん》七月二日大地震と書いてありますから、一八三〇年の文政京都地震と違いますすやろか」

正解。その通りである。私は舌を巻いた。この店の番頭さんは山岸さんという女性で、商品をきちんと調べる。「どんな和歌が書いてありますか」と尋ねると、「『天地《あめつち》も、うごきうごきて、この秋は、しづごころなき、都なりけり』と書いてあるように思います」。

なるほど、そうだろうと思った。一八三〇（文政一三、天保元）年の文政京都地震は余震が激しかった。なにしろ、旧暦七月二日に本震がきて以来、翌年の正月三日まで半年間、京都は余震で揺れに揺れた。一八三〇年下半期の京都は、大綱がいうように「しづごころなき都」つまり「まったく落ち着かない都」であった。

興味深い史料だから、私は京都の店まで見に行き、この地震について調べてみることにした。文政京都地震は規模こそM6・5と小さいが、京都に大被害をもたらした最後の地震である。この地震以後、京都の市街地は約一八〇年間、大きな地震被害に遭っていない。京都は今でも古い町家が多いから、建物の状態が現在に一番近い、この当時の地震の被害状況を研究しておく意義は大きい。

京都で家屋が倒壊し、圧死者多数を出したのは、最近では、慶長伏見地震（一五九六年）、寛文京都地震（一六六二年）と、この地震の三回である。いや、一七〇七年の宝永地震があるではないかと思われる方があるかもしれない。宝永地震は南海トラフが三連動し、規模もM9の可能性も指摘されるほどだが、震源から離れていたため、京都の被害はそれほどでもなかった。

文政京都地震に遭遇した京都人はこう書いている。「宝永元（四の誤り）年以来のことである。古記録を見合わせたところ、今度のほうが（地震被害が）厳しい様子に見えた」（『視聴草』）。つまり、京都市民にとって最も恐ろしいのは南海トラフの大地震ではなく、京都周辺の活断層が引き起こす直下型地震である。

しかし、断層地震だから、予知は不可能に近い。ただ、こんな古文書の記述をみつけた。土御門《つちみかど》家といえば、陰陽師・安倍晴明の子孫。江戸時代も朝廷で天変地異を観測していたが、この土御門家が前兆現象をとらえていた、とする史料がある。「晴明の社は地震以前に地中がうなっていた由。これを土御門さまではお秘《かく》しになられていた由。取沙汰《とりざた》」（「宝暦現来集」）。まさか現在の晴明神社で前兆の地鳴りが聞こえたとは信じられないが、天変地異に敏感な陰陽師のことである。気になる史料ではある。

尋常でない加速度

一八三〇年の文政京都地震の揺れは、重力加速度を超えたのか考えている。

人的被害は『文政雑記』という史料から「負傷者一三〇〇人、死者二八〇人」とされるが、西山昭仁氏によれば、これは町方のみの被害で武家や公家は含まれていない（『東京大学地震研究所彙報《いほう》』八五）。

私もこの地震による死者数を調べてみた。首都大学東京図書館の「地震日記」は「死人はただ三百人」。『視聴草』には「死人三四百人」「死人御役所の書上高三百六七十人」「人死は、中京《なかぎょう》より上へ三百人。下京《しもぎょう》の在（農村）などを入れれば彼是《かれこれ》よほどの数」とある。東京国立博物館の「文政十三年寅京都地震之記」にある「公儀（幕府）へ報告された死人は千二三百人」との数字はにわかには信じられないが、死者が三〇〇人を超えたのは間違いない。「京都にては人死凡《およそ》三百九十人」（京都府南丹《なんたん》市園部町宍人《そのべちょうししうど》の「小林九兵衛日記」）が、私には実態に近いものと思われた。

文政京都地震は、京都市街からみて西北西の亀岡近くの活断層が動いて発生した地震とされる（宇佐美龍夫『日本被害地震総覧』など）。さきの「小林九兵衛日記」にも「亀山・馬堀《うまほり》・篠村《しのむら》あたりの家・土蔵がくずれた。京の愛宕山《あたごやま》は大荒れになった。この辺（園部町宍人）は何事もなかった」とあるから、京都市の愛宕山付近を走る活断層に震源を求めるのが妥当であろう。

通常、京都の地震は低湿地で地盤の弱い下京や伏見の揺れが激しいが、この地震に限っては「京都も上京寄《かみぎようより》に強かった」（「亀山藩士矢部朴斉《ぼくさい》手記」）。『視聴草』にも揺れは京都市街の「西北の方がつよかった。北野《きたの》（天満宮）の辺は御鳥居もさけ、地割れに牛の足が入った」と書いてある。

なぜ、この地震の被害は大きくなったのか。西山氏は「桟瓦《さんがわら》葺屋根の普及による被害の拡大」を論じている。文政京都地震の一六八年前に、京都は寛文の大地震に遭っているが、この時の死者は二七〜八三人。明らかに少ない。その時分は町家の屋根が現在のような「桟瓦葺」ではなく、板葺きに石を置いて重さで押さえる屋根であった。それが桟瓦葺になって被害が大きくなったのではないかというのである。

しかし、この文政京都地震の古文書を読んでみると、もう一つ気になることがある。揺れの加速度が尋常でなく、建物を破壊しやすいものであった可能性があるのだ。「宝暦現来集」には「震動も致さず、ただ一度に突き倒すように」揺れて「鴨居《かもい》などはずれ、壁を落とし」家屋を破壊したとある。

私が注目するのは「耳塚の上の五輪塔は十間（一八メートル）ほど辰巳《たつみ》（東南）の方へ飛んで落ちた」との古文書の記述だ。耳塚は秀吉の朝鮮侵略時に首級の代わりに持ち帰った朝鮮将兵の耳と鼻を埋めた塚（現・東山区塗師屋町《ぬしやちょう》）。高さ七メートル、半径一二メートルほどの頂上に四メートルの五輪塔が建つ。

「耳塚の四方は竹藪で五輪塔が落ちれば、竹や小さい木が折れる筈《はず》だが、木も草も損じておらず、竹や木の上を振動で踊り越えたものと存ぜられる。向かいの一軒家の角の柱が五輪塔で打ち折れた」。揺れの加速度が上下に大きく、重力九八〇ガルを超えると、石が跳《は》ねる

「跳《と》び石現象」がおきる。まさか耳塚で、これがおきたのではないと思うが、すさまじい加速度で揺れた。断層地震は揺れ時間こそ短いが、猛烈な加速度の揺れが建物を襲う。日本の建物はヨコ揺れは比較的計算されているが、タテ揺れの想定は甘い。原発などとくにそうだが、上下方向の加速度をもっと厳しくみて設計すべきではないかと思えてきた。

地震直後の仁孝天皇と三種の神器

天皇陛下が京都御所にお泊まりになれなくなっている。陛下が宿泊する京都大宮御所の常御殿《つねのごてん》は築一四六年。明治維新の前年、一八六七（慶応三）年の木造の御殿だ。ところが、この御殿の耐震強度を調べてみたら、「震度六強から七で倒壊のおそれ」との判定が出た。宮内庁は約八五〇〇万円をかけ、二〇一四年度中に耐震補強を完了する、ときいた。

歴史上、京都御所は何度も強い地震に襲われている。最後は一八三〇年の文政京都地震だ。時の天皇は仁孝《にんこう》天皇。この時はまだ父の光格《こうかく》上皇が健在であった。やや話がそれるが、江戸時代の天皇のなかでは光格天皇が一番「庶民的」な天皇であったろう。生誕の経緯が興味深い。

ひとつの恋愛が、光格天皇を誕生させるきっかけになったとの説がある。光格天皇は天皇の子ではない。父は閑院宮典仁《かんいんのみやすけひと》親王で宮家から天皇の「養子」に入って皇統を継いだ。だから生母は庶民で、九歳まで倉吉《くらよし》（鳥取県）の鉄問屋で育った商家の娘である。その父、つまり天皇の祖父は岩室宗賢《いわむろそうけん》という医者で、元は鳥取藩家老の荒尾家に仕えた微禄の武士だ。先祖は忍者で知られる甲賀の地侍であったという（森納『因伯の医師たち』）。この宗賢が鉄問屋の娘りんと恋仲になり子ができた。しかし岩室家は商家との縁組を許さず、りんの実家も微禄の岩室家との縁談に反対だったのか、とにかく結婚はできなかった。

そこで宗賢は「京都に出て医者になろう」と一念発起し、妊娠中のりんをおいて単身上京した。生まれた子は可愛い女子で、九年間、倉吉で育ち、父のいる京都にやってきて、公家や宮家で奉公するうち、閑院宮様の子を宿して、その子が天皇になったため、商家の娘が天皇の生母となるストーリーができた。現在の天皇家は、直接には、この光格天皇のお血筋である。

文政京都地震の時、光格上皇・仁孝天皇の御殿は激しく損傷した。「宝暦現来集」によれば「宮城内は目も当てられぬ大破損に御座候。かつ御所は大破損にて御殿向もゆがみ」という状態であった。「余程、傾き申し候」とあり、建て替えが検討されたほどである。建物内にいた仁孝天皇は常御殿から小御所《こごしょ》の前庭まで必死で逃げた。田鶴丸《たづまる》という者が書いた書状には「天皇様も、地震でお庭に素足で飛び降り、草の上に立たれたらしい。二日の夜はお庭で夜を明かされた」とある。

逃げた後はどうしたのか。伊勢（三重県）の神宮文庫に「文政十三年七月地震候日」という秘録が残る。「俄《にわか》に庭中に筵《むしろ》で道をつくり、天皇の座をもうけ、近臣が前後を護衛し女官が随《したが》い、（三種の神器のうち）剣と璽《じ》を座辺においた」。その場に僧籍の者がいたが、「（死者を弔う）僧尼は不浄なので、少し後ろにさがった。剣と璽に近づけないからであった」。その時女官が天皇にいった。御所内の賢所《かしこどころ》で神に仕える処女の女官たちである。「揺れがやみません。賢所（に別置した三種の神器の鏡）を出しますか」。

しかし天皇はいった。「賢所から出すのは容易でない。（建物が）傾き危ないからこの限りではない。今少し猶予せよ」。天皇は命がけで神器の鏡を取り出せとは、命じなかった。この日、天皇はやむなく庭先で食事をとっている。地震後、天皇には泉殿《いずみどの》、のちに皇后には地震《じしん》殿《でん》というトイレ付きの耐震避難小屋が御所に建てられた。

3　忍者で防災

甲賀忍者が伝える「寅年大地震」

「忍者で防災」というと、奇妙な話だが、そんなこともある。

私は忍者の学術研究も行っている。毎年、滋賀県は甲賀の山里に分け入り、今も忍者の子孫が住む家を訪ね、忍者が残した古文書をデジタルカメラで撮影して歩いている。地味な作業だが、もう四年やっている。忍者の子孫といっても、現在では元サラリーマンや文房具屋さんである。ただ、何軒も忍者の子孫宅をはしごして感じるのだが、やはり火薬や薬種の調合にたけた甲賀忍者の伝統があるのか、薬剤師、大手化学会社の社員など、医薬・化学系の仕事についておられる方が多いのは間違いない。

最近では、忍者の子孫の方々が、私が出演する「BS歴史館」「英雄たちの選択」などNHKの歴史番組をみているらしく、「テレビに出ている『武士の家計簿』の磯田先生が来るんやけど、お宅の古文書みせてくれませんやろか」と、忍者の古文書を所蔵する家にわたりをつけて、史料調査のお膳立《ぜんだ》てまでしてくださる。歴史学者としては、まことにありがたい。

二〇一三年六月のこと。私は甲賀に入り、「甲賀五十人衆」の子孫宅に上がり込んだ。甲賀五十人衆とは、岸和田《きしわだ》藩五万三〇〇〇石（岡《おか》部《べ》家）が抱えていた甲賀衆である。五〇人のうち四十数人が甲賀に住んで農民の姿をしていたが、それでも順番に岸和田の城下に出て藩の御用を勤めた。有事の際には、鉄砲などで全員が武装して出陣した。忍術書をもっている家も多いから、本来は甲賀忍者の集団であったのだろう。私は、五十人衆の子孫を訪ね歩き、今のところ全体の一割にあたる五軒の子孫をようやくみつけだした。

「磯田先生にならお見せしましょう」。また一軒、新たに秘蔵の古文書を撮影させてくださる子孫宅があるというので、デジタルカメラを携え、地元の人たちと車に乗った。

そこは甲賀市甲南町新治《こうなんちょうしんじ》というところで、農作業着の気さくな老人が出迎えてくれた。門こそないが立派な構えの農家であった。築一〇〇年の座敷に通されると、長押《なげし》に家紋をあしらった釘隠しが打ってある。

個人宅に上がり込んで貴重な古文書をみせていただくのだから、お土産が要る。忍者の子孫もウナギは好きだろうと思い、浜松駅で「浜名湖ウナギの佃煮《つくだに》」を買い込んだ。最近、子どもたちが都会に出てしまい、老夫婦のみか老人の独り暮らしが多い。たいていコメは自家用に作っており、それをご老人が電気炊飯器で炊いている。土産は手間いらずで日持ちするウナギの佃煮にした。忍者のご子孫は遠慮されながらも、ウナギときくと微笑して受け取ってくれたので、ほっとした。

忍者の子孫の方が「まあ、どうぞ」と熱心に、おかきをすすめる。しかし、古文書の横で、おかきをバリバリ食べると、かけらが飛んで、古文書に虫がつく原因になる。やんわり断って、早速、忍者の古文書をみせてもらった。

　やはりすごい。甲賀忍者の生活実態に関する古文書が豊富だ。「これなら忍者の家計簿という本も書けそうです」などと冗談をいいながら撮影していたところ、奇妙な文書をみつけた。

「大地震より水筋替り御田地大旱魃《かんばつ》に付、高引願書」。一八五五（安政二）年五月に書かれたものであった。忍者が大地震に遭い、その被害状況を報告。年貢の減免を請願したものであった。一八五四年、甲賀地方は六月に伊賀上野《いがうえの》地震、一一月に安政大地震の被害に遭っている。この「寅《とら》年大地震」によって甲賀忍者の住む村の水田も被害をうけた。「大地震より水筋が変わり、少しも水が出なくなり、田地は旱魃。今年、植えつけが出来なかった田地は二町九反七分」。およそ三ヘクタールが田植えさえできなくなったという。

それだけではない。さすがに甲賀忍者。我々の防災にとって重要な情報を書き残していた。「溜池三ケ所、大地震に付、堤崩れ候」。忍者の住む小さな村でもため池の堤が崩れた。地震でため池は決壊することがある。

伊賀上野地震で各地のため池が決壊

このように、忍者の古文書は、まだまだ伊賀や甲賀の山里の子孫のもとに眠っている。二〇一三年六月一〇日、滋賀県甲賀市甲南町新治の岸和田藩甲賀五十人衆の子孫宅を訪れた。

ペリー来航の翌年、一八五四（安政元）年は近畿地方で大地震が連発した。六月一五日に伊賀上野地震が、一一月四日に安政大地震がおきた。私が調査に入った甲南町新治は江戸時代には新宮上野村《しんぐううえのむら》とよばれたところで、高四〇〇石ほどの小さな村である。そのうちの一軒が岸和田藩の甲賀衆を勤めているのだが、普段は農耕に従事している。甲賀衆は安政の大地震で破壊された灌漑《かんがい》設備の復旧を領主に訴えていた。「溜池三ケ所。大地震で堤が崩れた。この儀は公儀表（幕府）に寅の大地震後にお届けした。人足飯米を少しでもくだされればありがたい」。

新宮上野村は時期によって違うが、幕府領、近江大森藩領（最上氏）、旗本最上氏領・旗本美濃部《みのべ》氏領と、四つの領主に分割支配されていた。一つの村が複数の領主に分与されている「相給《あいきゅう》」の村だ。

美濃部氏は、もともとこの甲賀の豪族で徳川家康が浜松城にいた頃から徳川家に仕え、長久手の合戦で首を一つ討ち取った。のち家康が駿府城に隠居すると、甲賀から年に百日、駿府に詰めて家康の身辺を固めた家である。甲賀衆は「最上様よりは金子六十両下されたので（美濃部の）殿様も溜池（復旧工事の）人足飯米を少々なりともくださいますよう」と願っていた。

私が驚いたのは、甲賀の小村でため池が三つも決壊していることだった。古文書を読み終え、私はいった。「これは大切な防災情報です。地震の時に、ため池が決壊することがある。今は、ため池の下にまで新しい住宅が建て込んでいるんじゃないでしょうか」。すると、その場にいた甲賀忍者の子孫たちが顔を見合わせた。「ほんまや。今は、このあたりでもあっちゃ、こっちゃに、ため池の下にまで家を建てとる」。思い当たるところがあるようであった。「忍者の古文書は防災にも役立つ」という話になった。

一八五四年六月の伊賀上野地震は、各地でため池を決壊させた。なんと遠方の香川県の満濃池《まんのういけ》（現・仲多度《なかたど》郡まんのう町《ちょう》）にダメージを与え、漏水がはじまった満濃池は一カ月たらずで決壊した。「数日前から決壊の前兆があったので人畜の被害はなかった」が「多く田畝《でんぼ》を損じた」と『高松藩記』にはある。「聞書諸国大地震並ニ出火」という、幕末のかわら版には「和州（奈良県）古市《ふるいち》で大地震により池が割れ、人家が多く崩れ、死人六十七人、けが人人数しれず、残る家数三軒ばかり」になったと記されている。地震がため池を決壊させ、死者を出す危険を古文書は警告している。

ため池にも耐震診断が必要

甲賀忍者の古文書調査で、地震時のため池決壊の恐ろしさを知った私は、奈良の古市村（奈良市古市町）の古文書を探しはじめた。一八五四年の伊賀上野地震で、東大寺・新薬師寺の南にあるこの村は悲劇の村となった。裏山のため池が決壊。家々が押し流され、全滅に近い被害をうけたのである。

伊賀上野地震は、一八五四年旧暦六月一四日から一五日の真夜中におきた。梅雨の直後だ。まず、ため池にどの程度、水がたまっていたのかを推測しようと『天理市史　史料篇一』をめくり、「福知堂《ふくちどう》手覚年代記写」で、この年の降雨量を調べた。「春以来、長雨であったが（田植え時期の）五月七、八日頃からは雨が降らず、二四日の大雨で植え付けができた。六月上旬も曇天で雨は降らなかった」とある。ため池は満水ではなかったに違いない。

では、なぜ大きな被害が出たのか。たしかに揺れも大きかった。春日大社の石灯籠《いしどうろう》は日本一の数で二〇〇〇基を数えるが、「嘉永《かえい》大地震記録」（『天理市史　史料篇二』）には「三十一本が残り、その余は残らず崩れた」とあって、奈良は石灯籠がほとんど倒れる震度五強以上であったのは確実だ。東大寺の日記「東大寺年中行事記」をみると「丑之刻《うしのこく》（午前二時）大地震発動。まもなく歩き難し」とある。歩行困難な揺れであり、東大寺の築地塀《ついじべい》は残らず倒れ、戒壇院《かいだんいん》の北門など門がいくつも倒壊している。これらを勘案すると、奈良での揺れは震度五強から場所により震度六弱と推定される。

古市村の悲劇は、山麓に段々畑のように、ため池を築造していたことに起因していた。地震の烈《はげ》しい揺れで、まず一番上のため池の堤が切れた。あふれた水は下にある池になだれ込み、下の池も連鎖的に決壊した。悪いことに、古市村ではこれらの池の下に、人間の住む集落が作られていた。

「古市村は家数百三十軒ばかりのところ、大地震で池二か所の堤が切れ、（村人が）大地震で倒れた家の下敷きになっているその上へ、池の水、高さ八尺（二・四メートル）ばかりが出て、人を損じた。六十八人が死んだ」（奈良県立図書館・藤田祥光筆写文書）

古市村には、津藩藤堂《つとうどう》家の出張所である陣屋があった。深井という武士が古市奉行として常駐していたが、この一家も惨事に遭った。真夜中の地震で陣屋が激震に見舞われた直後、大水に襲われた。深井は夫婦ともども即死。妊娠中の息子の嫁も下女も即死。

「妾《めかけ》は命拾われ候」とある(「文鳳堂《ぶんぽうどう》雑纂災変部」)。たまたま津(三重県)に行っていた息子だけが助かり、深井家は辛うじて一家全滅を免れた。

夜が明けると、奈良の町に古市村の被害が知れわたった。住民はおののいた。東大寺大仏殿裏の「大仏池も大水で堤が危なくみえるので、水を抜きたい」と、即日、住民は要請。東大寺もこれを許した。

山麓に、ため池が段々に作られている場合、最上部の池の堤が切れると、将棋倒しのように、下のため池が崩壊する。梅雨時の地震では震度五強から六弱でもため池が決壊し、悲惨な被害をもたらす危険がある。下に住宅がある場合、ため池にも耐震診断が必要なことを、一六〇年前の古市村の事例は我々に教えてくれている。

二人の儒者の教訓

地震の時、一瞬の判断で命を落とした歴史がある。また逆に、とっさの行動で命を拾った歴史もある。

東日本大震災の時のことを思い出した。私も水戸の町で猛烈な余震に遭った。一日に有感地震が二〇回を超えると、舟中にいるようで「今は揺れてないね」と初老の母と顔を見合わせた。そのうち、ふと気になりだした。

「藤田東湖《とうこ》の墓は、どうなったか」

東湖は水戸藩の学者。幕末の日本人に多大な思想的影響を与えた。西郷隆盛は東湖に面会して驚き、「天下、真におそるべき者なし。ただおそるべき者は東湖一人のみ」と評し、終生敬愛していた。

その東湖は一八五五年の安政江戸地震で圧死した。徳川御三家は紀伊も尾張も一等地に屋敷をもらっている。しかし水戸家は初代頼房《よりふさ》が末っ子で、はじめは松平姓で徳川姓も許されておらず、暴れん坊で将軍家から警戒されていたためか、屋敷も外堀の外の低地に与えられた。現在の東京ドームの遊園地の場所で、地震のたびに、よく揺れ、建物が倒れた。

東湖の死は痛ましい。東湖の一家は揺れを感じてすぐに全員が庭に出た。ところが老母が「火鉢の火を消し忘れた」と揺れる建物に入ろうとした。「藤田家から火を出しては主君に申し訳ない（忠）」と思ったのか命がけで飛び込んだ。東湖は危ないと母を追った（孝）。そこで建物が崩れ、東湖は辛うじて母を庭に投げ出したが、崩れてきた鴨居や梁に押しつぶされ、みずからは圧死した。

東日本大震災の余震のさなか夕闇の墓地に入るのは危険であったが、私は家族に黙って、水戸市常磐《ときわ》共有墓地に一人で入り、東湖の墓を探した。愕然《がくぜん》とした。東湖一家の墓は地震で被害をうけ無残な姿。「死んでまで地震の被害をうけるのか」と哀しくなった。

東湖が圧死する前年、一八五四年には伊賀上野地震がおきている。

この地震で命拾いした学者家族の史料をみつけた。猪飼《いかい》という藤堂藩の儒者の家。猪飼敬所《けいしょ》は学者番付で「西の大関」とされた儒学の大家。その養子・猪飼貞吉（箕山《きざん》）が被災の様子を書いていた。それによると、地震は真夜中におきた。震度六〜七の猛烈な揺れだ。しかし地震はいきなりではなかった。数日前からたびたび揺れていた。それもあってか、猪飼は妻に一つのことを言い含めて有事に備えていた。

「小生の家には二人の男子がいる。兄は九歳。弟は（小児で）三歳。下男下女のいない家だから、平生から火急の節は、兄のほうは小生が抱き、小児は家内（妻）が抱いて逃げる」

この申し合わせがよかった。地震が起きると、猪飼夫婦はすばやく子どもを抱き上げた。「家内が小児を抱き、ようやく蚊帳を出ると、すぐに寝所の夜具のうえに壁が倒れ、小生が、せがれを抱き縁先におりると、すぐに壁・材木等が足先に倒れかかり、その上を踏んで逃れ」られた。まさに間一髪、「今、ひと足、遅ければ死を免れなかったところ天の幸いで逃げられた」（「嘉永甲寅六月地震記」西尾市立図書館岩瀬文庫蔵）。

忠孝を貫いて死んだ藤田。夫婦で備え命を守りぬいた猪飼。二つの家の歴史が我々に厳然たる教訓を示している。第一、事前に家族で地震時にどうするか話し合っているかで生死が分かれる。第二、一度逃げたら、忘れ物を取りに家に戻ってはならない。

第5章

津波から生きのびる知恵

1　母が生きのびた徳島の津波

私が防災史を研究する理由

はじめて明かすのだが、私が、このような防災史の本を書くのには、すこぶるプライベートな理由がある。

私の母方の家系は、徳島県の牟岐《むぎ》（海部《かいふ》郡牟岐町）というところから出ている。そこは日本有数の津波常襲地である。大津波が何度もきて、そのたびに村人は屍体《したい》の山を築き、津波から逃げきれた者だけが子孫を残してきた土地である。私のＤＮＡも、猛烈な大津波をかいくぐって、生きのびてきたものである。

私の母・正路《しょうろ》和子も、わずかな時間ながら、この牟岐にいた。そして、一九四六年の昭和南海地震にでくわした。そのとき、母はまだ二歳であった。岡山に住んでいたのだが、妹が生まれたばかりで、牟岐の祖父母の家に一時的に預けられていた。大地震がおきたのはその時で、母の最も古い記憶は、この地震のあたりから、ぼんやりと、はじまる。二歳だから、よく覚えていないそうだが、あとで大人たちにその時の様子を聞かされたらしい。

それによると、まだ暗い時分に、揺れがきた。牟岐の住民は代々、大地震がきたら山へ上がれと言い聞かされている。「山へ逃げろ」の一声で、一家全員が、めいめい裏山へ駆け出した。ところが、山に上がってみると、二歳の私の母だけがいない。

「かずちゃんがいない」

大人たちは青くなった。この時、牟岐の町は津波に襲われ、流失家屋は一〇〇戸を超え、死者五二人、重傷九人がでている。幼児を見失った大人が顔色を失うのは当然であった。

ところが、意外にも、母は生きていた。どうしたわけか、大人たちよりも、すばやく、一人で一目散に山に逃げ登っていた。幼い足でよく逃げたものだと思うが、二歳の母は、とにかく、ニコニコ機嫌よくほほえみながら、山の階段を上から降りてきて、大人たちに愛嬌《あいきよう》を振りまいた、という。

私は、幼時から、この話を繰り返し聞かされて育った。どうも、私には、ややこしい血統的家庭的背景があるらしい。津波をかいくぐってきた祖先たちが関係しているのか、「危ない」を事前に察知する話に、どうしても、関心をもってしまうのである。

「『武士の家計簿』を書いた磯田道史さんが、なぜいきなり、防災史を書きはじめたの？」と、よく聞かれるが、実は、私は、いきなり防災史をはじめたわけではない。大学一年生の時から、地震や津波の古文書をみると、コピーしてファイルする癖があった。

ただ、東日本大震災を目の当たりにして、これまでに蓄積した災害に関する古文書の知識を、自分の頭にだけ死蔵しておいてはいけないと感じて表に出しはじめただけのことである。

そういえば、思い出した。まだ震災など思いもよらぬ二〇〇六年、私のもとに、母が突然、電話をかけてきた。用向きは変わったものだった。「新聞に、徳島の宍喰町《ししくいちょう》（当時、現在は海部《かいふ》郡海陽町《かいようちょう》）の津波の古文書を現代語訳した本が自費出版されたとある。取り寄せようか」。

宍喰は牟岐のごく近くの町だから、私はそれを取り寄せ、読むことにした。送られてきた本の題名は『震潮記《しんちょうき》』であった。この牟岐や宍喰を襲った津波を生き抜いた人の話をする。

「高台へ」――曽祖父・平吉の決断

私の母と曽祖父は、一九四六年、徳島の牟岐という町で、昭和南海津波に襲われた。ここで母が死ななかったので、私もこの本もいま存在している。歴史学者として、私は自分の家族が津波に襲われた七〇年ほど前の遠い記憶を掘り起こそうと取材をはじめた。

当時、私の母はわずか二歳。断片的な記憶しかない。私の家族の被災史は時空の彼方《かなた》に消えたかと思われたが、大叔母が八八歳で存命していた（当時二一歳）。この大叔母が生々しい「その日」の様を語ってくれた。

歴史上の災害をみてきて、私がとくに着目するのは、同じ災害に遭っても、逃げ方は三者三様、千差万別なことだ。家族の性格や、生い立ち、価値観は如実に、避難に影響する。その逃げ方によって、生死がわかれている。

そのあたりのことを、自分の家族であれば、かなり詳しく復元して叙述できるだろう。普通の庶民生活をおくる人間が、災害時にどのような避難行動をとったのか。災害から逃げる家族の「ちいさな歴史」を、ここに書いてみようと思う。

一九四六年一二月二一日の未明四時一九分、私の曽祖父・正路平吉は、激しい揺れに、目をさました。平吉は五二歳。彼は頑固な家父長であり、一〇人の大家族を抱えていた。しかも、自分以外、九人全員が女である。八〇歳の義母と、のちに私の母となる二歳の孫娘までいた。家は、海から約一五〇メートル、海抜三・八メートルの場所にあった（牟岐町牟岐浦宮ノ本五一）。

平吉が、この海辺に住んだのには理由があった。彼は山間の貧農に生まれた。遠方の水夫に売られるのが嫌で、一〇歳の時、船大工になろうと家出をした。数日、山をさまよい、牟岐の町にたどりつき、血だらけの足で夜まで船大工の門前に座り込んで入門。この町に住みついたのである。そのぐらい根性があったからか、平吉は腕のいい大工になった。

そして、「牟岐小町」といわれた戸長の孫娘の美人と身分違いの恋をした。この女は私の曽祖母だが、まことに思い切った女で、ある日、川で溺れている者をみて、牟岐川の大川橋から飛び込んで助けた。その濡れた肢体の美しさに惚《ほ》れたか。平吉は激しく恋慕し、親に謝絶されると、二人で大阪に駆け落ちし、私の祖母が生まれて、ようやく結婚を認められ、婿になった。だが、佳人薄命。美しい妻は夭折《ようせつ》し、その妹と再婚、男一人、女九人の世帯の主となっていた。

平吉はこれほどに自律心が強かった。山間の生まれだから津波は知らなかったが、家屋を襲う津波の恐ろしさを聞いており、自分の家はとくに頑丈なものにして、津波避難用か、なんと木造の三階建てであった。

しかし、その日の揺れは激しすぎた。平吉は「これはだめだ」といい、寝間着一つの女たちに向かって「服を着て、(高台の)海蔵寺《かいぞうじ》に逃げろ」と命じ、誰が誰を連れて逃げるか、真っ暗な中で担当をきめた。

二歳の私の母は小学六年生の叔母テルコが連れて逃げることになった。ところが、逃げようにも地震で戸が開かない。しかし、くぐり戸がついていたのが役立った。一家は外へ出られた。

一泊でも避難場所を確認すること

なんといっても、この地震は嫌な時刻におきた。冬至に近い一二月二一日午前四時一九分。服を着て屋外に出たものの、もちろん真っ暗闇であった。日の出は七時頃。新月の二日前で月明かりもない。灯火なしで作業できる「市民薄明《しみんはくめい》」は日の出の三〇分前、うっすら夜が明けはじめる「天文薄明」は日の出の一時間半前だから、五時半まではまったく星明かりしかなかった。

激しい揺れの後、ようやく屋外に出た一家一〇人は迷わず「海蔵寺」をめざした。母のいた徳島県牟岐町の住民は、昔から津波に遭ってきたから、町民は逃げ場所を心得ていた。牟岐川をはさんで、東浦の住民は海蔵寺へ、西浦の住民は昌寿寺へ逃げる。東浦にいた私の母は、一二歳の叔母に連れられ、真っ暗闇の中を海蔵寺へ向かった。

どこへ逃げるかをあらかじめ家族で話し合っておくことは津波避難の第一である。悲惨だったのは、町にきて間もない地理不案内な家族であった。ある母親の哀しい証言が牟岐町編『南海道地震津波の記録 海が吠《ほ》えた日』にある。「牟岐へ来て日数も浅く、山育ちのため津波など頭にありませんでした。（中略）二人の子供を連れ外に出て門の付近をうろうろしていたんでしょう。そのうちに潮が来て、手を引いていた三人がバラバラになり、潮に呑まれ溺れてしまいました」。夜が明け、愛児の一人はガレキの下から遺体で発見。彼女は遺体に「さぞ寒かったでしょう。重かったでしょう」と語るしかなかった。

ここから、二つの教訓が得られる。安全な避難先を知っている場合、地元住民は「津波警報。〇〇へ避難」と、逃げ場所を連呼しながら逃げること。また、津波常襲地に行く時には、たとえ一泊であっても高台の避難場所を絶対に確認することだ。

私の母の避難の話に戻る。家から高台の海蔵寺まで距離は一六〇メートルほどであったが、なにしろ真っ暗闇で、一二歳の少女が恐怖のなか二歳の女児を抱いたり手を引いたりして逃げるのだから、前に進まない。

ちなみに、東日本大震災の時の津波からの平均避難速度は毎秒〇・六二メートル。一分に三七メートルであった。健康な老人や群衆は一分に六〇メートル歩く。しかし、歩行困難者や乳幼児・重病人は一分に三〇メートルとされる（消防庁国民保護・防災部防災課「津波避難対策推進マニュアル検討会報告書」による)。

母たち一〇人の家族は、町の中で最も早く避難を開始した部類だが、幼児を連れて、暗闇の一六〇メートルの道を歩くと、四、五分かかった。荷物はまったく持ち出さなかったが、服を着て外へ出るのに手間取り、地震後、一〇分ぐらいは経過していた。そのうえ、海蔵寺の階段には手すりがなかった。戦争の金属供出で、手すりが軍に奪い去られていたのである。

その階段を私の高祖母八〇歳のリンがよろよろと上ろうとしたとき、婿の平吉が、はじめて誤った決断をした。明治生まれの彼にとり親孝行は絶対であった。「この寒さで布団がなければ、義母はもたない」。そう思った平吉は、なんと布団を取りに、津波が迫る海辺の家に向かい走り出したのである。牟岐の町に津波第一波が到達する数分前のことであった。
私の曽祖父・平吉が、それで大変な目に遭うのである。

赤ちゃんのため、抱っこ紐を枕元に

明治生まれの彼にとり親孝行は命がけのものであった。彼は海辺の家に駆け戻り、布団を担いで路上へ出た。その時、津波に襲われた。
彼は安政津波の五〇年後、一〇歳の時に牟岐の町に来た。古老から、地震の後には津波がくるとは聞かされていたが、地震の何分後に津波がくるのかの知識はなかった。牟岐では、地震発生一五分後に、わずかな引き潮で潮位変動がはじまり、その後、急激に水位が上がり、約五メートルの津波が襲来した（村上仁士「牟岐の地震津波」『海が吠えた日』第五章）。つまり、揺れがおさまってから一〇分ほどで津波がきた。

平吉は、背中の布団を路上に放り投げた。彼は駆けた。津波に追われながら、未明の暗闇の中を懸命に駆けた。平吉の家の前の路面は一段下がり、海抜三・六メートルである。家族のいる海蔵寺に向かって少し坂になっている。五〇メートル走れば地盤が七〇センチだけ高く、海抜四・三メートルになる。五メートルの津波は海抜四・六メートル地点までさかのぼりつつあった。このわずかな傾斜の先にしか平吉の生存はない。彼はそれに賭け、がむしゃらに走った。

人間は足が津波に三〇センチ以上浸かると動けなくなり、避難の自由を失う。浸水一メートル以上の津波に巻き込まれると、ほとんどの人が亡くなる。現代の木造家屋は二メートル以上の浸水で半数が全壊、三メートル以上でほとんどが全壊する（『南海トラフの巨大地震モデル検討会（第二次報告）』）。伝統工法の木造家屋は、現代のものより弱く、二メートル以上の浸水で流失する、とされている。

平吉は津波にのまれて死ぬかと思われたが、五〇メートル走れば、浸水の深さが三〇センチ以下になる地点にいたことが幸いした。必死で走り、彼は「津波との死の五〇メートル競走」に勝った。しかし、平吉の体が鍛え上げられた大工のものでなかったら、到底、逃げられるものではなかった。彼が町で一番早く避難を開始していたのもよかった。家族に女が九人もいるから、せかして早めに逃げたのだ。遅い避難のあとに布団を取りに戻っていたら確実に死んでいた。

以後、私の母方では、①津波の時は何も持たずに逃げる、②一度、避難したら絶対に物を取りに戻らない、③地震時に屋内に閉じ込められぬよう、戸口に一本ずつ鳶口《とびぐち》を置いておき、戸の破り方を子どもにも教えておくことになった。

さて坂の上では、子どもたちが固唾《かたず》をのんで下の闇をみつめていた。祈る気持ちで父親・平吉の生還を待っていた。この時、私の家族は津波の地獄絵をみた。海蔵寺の石段へ人が殺到。次々に山へあがる。しかし石段近くまで津波がきた。

「どこかの母親が子どもを布でくるんで逃げてきたが、赤ちゃんが布からすり抜けて下に落ち、黒い津波に呑まれた。母親も子どもも波にもまれるのをみた」。二〇一四年時点で八八歳になる私の大叔母の証言である。津波避難時、乳幼児のいる家庭では、だっこ紐《ひも》が命。いまでは、おんぶ紐と兼用のものが多いが、常に枕元に置いておきたい。

五歳児は親子で避難訓練を

五歳児の津波避難ということを考えさせられた。

私の母は二歳で一九四六年の昭和南海津波に遭った。この時津波でたくさんの子どもが亡くなった。五歳以下だけで一一人も死んだ。一歳が二人。二歳が三人。三歳が一人。四歳が一人。五歳の犠牲者は四人もいた。老人の犠牲も多かったが、小学校に上がる前の乳幼児がたくさん死んだ。

津波から自分で逃げられる年齢は何歳からか？　という疑問がわいた。調べてみることにした。牟岐の実例をみると、学齢に達した六歳以上の小学生・中学生は、津波から逃げられた者が多かった。牟岐では、六歳から一五歳までの小中学生の犠牲者が五人出たが、そのうち逃げようとして逃げきれずに亡くなったのは二人であった。

あとの三人の小中学生はきょうだいで、事情があって津波から逃げるのを断念して死んだ。五歳までの乳幼児に比べ、六歳以上になると津波から自力で逃げる力が高まりだす。事実、牟岐の小中学生はすばやく逃げ、小学校高学年になると、他の子どもを助ける者までいて、老人よりずっと死亡率が低かった。津波では、老人、乳幼児、そして子連れの母親が、避難弱者となるのが歴史の教訓だ。

特別な事情で死んでしまった先の三きょうだいの最期が気になった私は、牟岐で死んだ人々の最期の様子を一人ずつ聞き取って取材することにした。中山清さんという方が「二度と町民をこんな目に遭わせたくない」との信念から、牟岐の津波犠牲者のことを詳細に調べておられ、話を聞くことができた。中山さんは、思い出すのもつらい話をしてくださった。その話はあまりに悲惨で、その晩、私は胃をやられてしまったが、あえて、ここに書いておく。

彼ら三人には四歳の妹もおり、父親は病気で寝ていた。母親も妊娠中であったという。隣家の人が「津波が来るよって早よう一緒に逃げんけ！」と誘ったが、四人の祖母が「うちは息子が病気でねよるし、嫁も大きな腹をしとるんで一緒に逃げれんのや」と、悲しそうにいって、家の中に入り、一家全員逃げることなく全滅した（牟岐町編『海が吠えた日』）。津波てんでんこ＝めいめい逃げる、が津波避難の鉄則だ。「なんとか、子どもだけでも逃がせなかったか」。町の人は我がことのように悔し涙を絞った。

中山さんは、牟岐で、どの人が、どのように亡くなったか、克明に語ってくださった。「自分は老いたから、いま語っておかねばいけないのだ」と強くいわれた。やはり、海に近い、避難に不利な場所にいた人は犠牲になりやすかった。夫が船で出稼ぎに行っており、津波の危険を知らず、避難がおくれて亡くなった方もいるという。母子だけの世帯は避難が困難であった。

牟岐の死者名簿をみていて、五歳児と母親のペアの溺死者が目立つのに気付いた。一九四六年時の成人女性の平均的な体格は身長一四九センチ、体重四九キロ。当時五歳児の平均体重は一七・五キロであり、母親が抱いて逃げるとすると、負担が大きかった。重いわりに幼く、手がかかるのが四、五歳児だ。最後まで我が子を捨てず、一緒にあの世に逝ってしまった母親の情を思うと、せつない。

四、五歳児の津波避難訓練はとくに大切だ。避難先の高台まで、親子で訓練を兼ねた夜のピクニックなどしておくとよい。

極限状況での優しさ

極限状況でも、人への優しさを保つことは大切なことである。

昭和南海津波で被災した時、私の母和子は、わずか一二歳で、小学六年生の叔母テルコに手を引かれて逃げた。大人の足で二三〇歩先の海蔵寺へ向かったが、途中、二人は離れ離れになった。テルコは、なんとか六五段ある寺の石段までたどり着いたが、ふり返ると、「助けて！」と叫びながら子どもが何人も流されていく。テルコは、しまったと思った。半狂乱になった。「死んだ……。おたい（私）のせいだ」。テルコは泣きつづけた。

ところが、うっすら夜が明けそめた時、奇跡がおきた。後年、私は、老婆となったテルコから直接きいている。

「なんと和ちゃんがなあ。石段の上からニコニコ笑うて下りてきたんよ。おたいより先に逃げとったんかなあ。可愛かったなあ」。南国阿波の生まれらしく、おおらかな物言いであった。半世紀も前のことであったが、もうあまり見えなくなっていたテルコの目に、また涙がたまっていたのを思い出す。

しかし、我が子を失った母親もいた。一人の母親の回想が牟岐町編『海が吠えた日』にある。当時二八歳。避難が一番難しい、川べりの牟岐港に住んでいた。地震後、気がついた時にはすでに潮が持ち上がって、道路まできていた。「これは津波かもしれん、逃げよう」と、夫はいった。夫が五歳と三歳の娘の手を引き、彼女は一歳の女の子「政美」を黒帯で包み、背負った。

ところが、途中、津波に呑まれた。胸までつかり、「背の子をしっかり押えながら、死にもの狂いになって」、電柱にしがみついたり、家屋に逃げ込んだりするうち、夫とはぐれた。高台に逃げようと、小川の橋を渡ろうとした時、とうとう津波に体をすくわれ、製材所から流れてくる材木に、寝間着を挟まれ、水中で、もがいた。「助けて！」と夢中で叫び、運よく気が付かれて、一緒に逃げた人が材木を動かしてくれた。

やっとの思いではい上がった時、背中に子どもはおらず、無情にも、ぶらんと肩から黒帯だけが垂れていた。彼女は「政美！　政美！」と、子どもの名を叫びつづけた。放心状態になった彼女は誰かに体を抱きかかえられ、避難所の杉王神社に連れていかれた。

厳寒一二月の津波である。我が子を失い、ずぶぬれになった彼女に、声がかかった。「寒いやろ、布団の中へはいり」。この時の会話を、私は歴史家として後世に伝えたいと思う。彼女は、こういった。「私はズブぬれやけん、よごすけん」。

極限状況である。なんという人への優しさであろうか。避難所に布団は少なく貴重なものだった。避難所では、きれいごとではすまないことが、いっぱいおきる。しかし、優しさは、確実に、人に生きる力をもたらす。彼女の身を心配する人が「かんまん、汚れたら洗ったらええけん」と布団を重ねてすすめ、彼女は温かさに包まれた。

「このご好意は、その時の私にとってどれほど嬉しかったことか」「今もなくした子は、当時の年齢で私の胸に生きている」。それから五〇年生き、七八歳になった彼女から出た言葉である。

津波時の川は「三途の川」と心得よ

この津波が引いたあと、私の母の家族は高台の海蔵寺から下りて家に帰ってみた。家の前の路上に、大きな手漕《こ》ぎの和船が横たわっていて驚いた。幸い、家はそこにあった。船大工に頑丈に建ててもらっていたのが功を奏したのだ。しかし、なかに入ると、畳の上まで浸水していた。一階はドラム缶から流れ出た重油と泥でドロドロになっていて住めるものではなかった。

一八五四年の安政南海津波のあと、牟岐の浦方では浜側に土手を造っていたが、生活のうえで「まがる（邪魔になる）」といって、皆で話し合い、取り除いていたのも、よくなかった（牟岐町編『海が吠えた日』二〇頁）。牟岐を取材すると「潮どめ堤防があった家は半壊ですんだのもあったが、堤防を取っていたところの家は全壊しやすかった」という声がきかれた。

防潮堤は完全に防水できなくても、津波の勢いをそぐ効果はある。平時に邪魔にして設置をやめたり撤去したりすると、あとで必ず後悔することになる。

生き残った人々は多くの教訓を得た。やはり一番の教訓は「津波の時に金品にこだわってはいけない」であった。生き残った牟岐町民の一人が悔しそうにいった。「終戦直後で食料が大事な時でした。コメを津波で流されまいと二階に上げようとした家もあり、死者を出しました」。津波は「着のみ着のまま」か、「重ね着」で逃げるしかない。

牟岐でこの津波を経験した大叔母は当時二一歳だが、津波で飢えた記憶はないという。事実、敗戦後の食糧難にもかかわらず、避難した寺で炊き出しの握り飯を食べたとの証言もきいた。厳寒一二月の津波であったから、大叔母に言わせれば、むしろ困ったのは着る物で「兵隊帰りの人から軍用毛布をわけてもらい、それで外套《がいとう》をこしらえて寒さをしのいだ」という。

この津波を生き残った牟岐町の中山清さんから、話をうかがううち、私は、人命にかかわる重大な教訓を得た。それは「津波の時は、なるべく川や橋に近づくな」ということだ。牟岐で死者が集中したのは町の東側であった。ここは高台の海蔵寺が二八〇メートルと遠い。住民は日の出橋という橋を渡って一五〇メートルほど先の手近な高台「妙見さん」の祠《ほこら》に逃げようとした。

ところが、河川をつたう津波は足が速い。河口部ではしばしば時速三〇キロ＝秒速八・三メートルを超え、陸上の二～三倍の速さで襲ってくる。川を渡って逃げようにも逃げきれず、川を高速でさかのぼる津波にさらわれる人も出たようだ。比較的、よく助かったのは、川に近づかず、「潮に追いかけられながら海蔵寺へ逃げていった」人たちであった（同二一一頁）。

陸上をつたう津波は、運が良ければ、時速一〇キロ＝秒速二・八メートル近くまで速度が落ちることもある。それで逃げ切れる人が出てくる。津波到達までに、たっぷり時間がある場合はいいが、一般に、川を渡って高台に逃げようとする行為は危険だ。よしたほうがよい。

川を渡らないと高台に行きつけない場所に住んでいる人の避難はま

ことに悩ましいのだが、「近道をしよう」などと考えて安易に川に近づき、橋を渡ろうとしてはいけない。津波の時の川はまさに三途《さんず》の川。あの世への近道になることもある。

2　地震の前兆をとらえよ

井戸水が枯れたら津波がくる

先人の知恵は軽視できない。私の母の被災体験から一九四六年昭和南海津波の話を『朝日新聞』に書いたら、読者からたくさんのお便りをいただいた。その多くは、母がいた徳島県牟岐町とその近隣のご出身の方からのもので「私も同じ体験をした」「先生の記事で後世に伝えてほしい」という励ましのお言葉であった。

そのなかの一通はとくに心に残った。九歳の時に、この昭和南海津波を体験された女性からの手紙であった。現在は首都圏にお住まいのその女性は長く大学教授をつとめておられたそうで、文面からも誠実なお人柄がにじみ出ており、端正な筆跡で、「一つだけ、先生にお伝えしておいた方がよいと思われることがございます」と書かれていた。読みすすめると、昭和南海地震の直後、かつて小学校の校長をしていた祖父が台所の土間にあったつるべ式の井戸をのぞき、「井戸水が枯れている。津波が来る。逃げろ」と叫んだ。弟たちと寝間着のまま裏の寺の山に駆け上がった、という体験談が書かれていた。

そして、こう強調されていた。「お伝えしたかったことは『井戸水が枯れたら津波が来る』という言い伝えを（明治一二年生まれの祖父が）知っていたこと。そして、実際にあの時、井戸の水が引いていた、という事実があった、ということです」。手紙のこの箇所には丁寧に朱線が引かれており、牟岐の近くの町にあった家の所在地の図もそえられていた。あの津波から生き残った方の、犠牲を少しでも減らしたい、とのお気持ちが、ひしひしと伝わってきた。

南海地震の前に井戸水が枯れた、減った、との証言は、実は古文書にもある。高知県土佐清水《とさしみず》市中浜《なかのはま》はジョン万次郎が生まれた村だが、万次郎と同世代で、この村にうまれた池道之助という男が安政南海地震に遭い「大地震の前には急に井の水へる物なり、へらぬ井戸はにごる物なり。大ゆり（大揺れ）には井を見るべし」と書いている（「資料・証言にみる南海地震前の井水涸《が》れ及び異常潮位」『京都大学防災研究所年報』第四八号)。

私は以前、ＮＨＫの番組「ＢＳ歴史館」で、和歌山県広川町で津波防災に活躍した浜口梧陵を紹介したことがある。「稲むらの火」で知られる浜口は迅速・適切な避難の呼びかけで、村民の九割を安政南海津波から救ったが、最初に異変を感じたのも井戸水の低下であった。浜口の手記「安政元年海嘯《つなみ》の実況」によれば、村民二人が馳《は》せてきて、井戸水が非常に減少していると告げ、浜口が「地異」のおこるのを恐れたら、果たして大震動がおきたという。

牟岐の町でも証言がある。昭和南海地震当時二一歳の女性は「井戸の水が引いていたら津波が来る」と昔の人がいったと祖父に聞かされており、揺れがおさまると、井戸の水をみている（牟岐町編『海が吠えた日』七七頁）。また、当時二四歳で町の女子青年団長だった女性は「夕方近所のおばさんたちが釣瓶《つるべ》で井戸水をくみ取ろうとすると、釣瓶の底がカタカタと井戸の底石にあたり、水が汲《く》み取り難く井戸水が極端に少なくなっていました」と回想している（同六二頁）。

南海地震の前に井戸水が枯れたり減ったりするのはなぜか。そのメカニズムの科学的説明も試みられている。井戸水の観察も馬鹿にできないようである。

大地震の前兆をとらえる言い伝え

海溝（トラフ）型の大地震の数日前に、「前兆すべり」とよばれる地盤の隆起・沈降・伸び・縮みがあるかが議論されている。古文書は「ある」可能性を示唆しているように思う。

地震の前に、井戸水が枯れるメカニズムは、京都大学防災研究所の梅田康弘元教授による「南海地震の前の井戸水の減少について」が、こう説明している。地震の数日前に地盤が隆起すると、地下の淡水が山寄りから海寄りに流れ、地下水位が下がってしまう。地下水位を維持するには、計算上、「隆起上昇分の四〇倍の高さの淡水が下支えのために必要になる」。このメカニズムで「井戸涸れ」がおきるとすれば、大地震の前兆をとらえたい我々にとっては、ありがたい話だ。

たとえば、地震の数日前に三センチの地盤の隆起があったとしよう。三センチの四〇倍だから、条件次第では、地下水位が一二〇センチ近く下がるところが出てもおかしくはない。そうなると、三方を山に囲まれた港町の山寄りの井戸のなかには枯れるものも出るはずだ。もちろん、すべての井戸に異変がおきるわけではない。大河川のそばで伏流水が豊富なところの井戸、海に近く十分に深い井戸には、異状はみられない。

昔の人は、科学的メカニズムは知らなかったが、経験的に、南海トラフ大地震の時、地震前に井戸水に異状がおきることを知っていた。

私の母方が先祖代々住んでいた徳島県の牟岐にも、その証拠がある。牟岐東浦の津田屋喜右衛門が書き残した「地震津浪嘉永録」という記録だ。一八五四年、彼は安政南海地震の直前、「夜明迄に三四度も地震動《ゆり》けるゆへ、井戸を度々見に行けども替りたる事少《すこし》もなく」と書いている（『新収日本地震史料』第五巻別巻五ノ二）。

安政南海地震は「双子地震」であって、この地震がおきる三二時間前に安政東海地震が発生している。その本震と余震の揺れが、牟岐まで伝わってきて、津田屋は不気味に思ったらしい。迷わず、井戸水の観察をしている。結果は「異状なし」であったが、地震の恐怖を感じた時、幕末の一般人が条件反射的に井戸をのぞいている事実は注目に値する。

この時高知にいた渋谷茂好も「地震心得方の事」として「○井戸の水濁れば油断ならず」「○井戸の水ひるものなり。大地震は火事あるものなり」と記している（同書）。また、高知県立図書館所蔵の「大変記」という古文書には、安政南海地震前後の高知平野での井戸水の動きがこう記されている。

「昔の人の言い伝えに『浪（津波）の入る時は井戸水が二三日前方に干《ひ》る』というが、この度の津波に、岸本《きしもと》・赤岡《あかおか》（現・高知県香南《こうなん》市）で、井戸の水に出入り（変化）はなかった。この近郷の井戸は波が入って後、水が干あがる井戸もあった。また大変（震災）から二三日して干あがる井戸もあった。もっとも左右郷（南国《なんこく》市左右山《そうやま》か）の井戸は津波より二三日前方に水が干あがった」

土佐国中浜村の池道之助が「大地震の前には急に井の水へる物なり」と書いているのを紹介したが、このような記述がなされるのは、過去に四国で大地震の前に井戸水が枯れたことが幾度もあり、経験が言い伝えられてきた結果だろう。想定震源域の地盤を精密に観測し、

「兆候」を見逃してはならない。

ある満州帰りの男の被災

一九四六年の昭和南海地震がおきる前日のことである。

徳島県牟岐町の牟岐駅に一人の男が降り立った。男は満州にいたのだが、敗戦で失業。魚の闇屋《やみや》をはじめるため、この漁村にきた。驚くほど口がうまく、見ず知らずの地元民に、満州の話を面白おかしく漫談風にきかせて、たばこをせびっていた。

牟岐駅の改札口で、男を大声で呼ぶ声がした。みるからに人柄のよさそうな男性が立っている。男性の商売は自転車屋さん。口のうまい闇屋志望の男を迎えにきたらしい。二人は牟岐駅からバスに乗った。

私の祖母の従妹《いとこ》の家のある現牟岐警察署の前を抜け、二人を乗せたバスはきれいな海のわきを走る。

二人は鞆奥町《ともおくちょう》（現在の海陽町）奥浦《おくうら》の「みなみ旅館」につき、三階の部屋に通された。ここで魚の仕入れの相談をするのだ。宿では、イカの刺し身が出た。

この時不思議なことがおきていた。刺し身にしようと、宿の女将《おかみ》がイカを井戸で洗ったが、水が濁っている。イカの墨でも入ったかと思い、一〇〇メートルほど先の井戸へ水をもらいに行ったが、そこの水も濁っている。「おかしい」といいながら洗ったイカの刺し身であった。

男はそんなことはつゆ知らない。酒が一升瓶で三本も出て来たのに大喜びして、モンゴウイカの刺し身と小鯛の浜焼きをガツガツ食べた。宿屋に自転車屋の叔父を呼び寄せ、魚を闇に流してもらう相談をまとめると、酔いつぶれて寝た。自転車屋も鞆奥に泊まった。

異変がおきたのは、未明のことであった。男はのちにこう書いている。

「寝ている私の頭に異様な物体が落下して来て眼がさめた」、「地震だ！／梁が無気味な音をたててきしみ、いまにもこの家が倒れるようである。／真っ暗な中に私は死を待った」

しかし、男は粘った。「誰か――誰か――」と絶叫しながら、三階から玄関まで死にものぐるいで駆け降りた。血だらけになって裸足で表へ出たら、腰を抜かした。「津浪が来たぞ！　山へ逃げろ！」という声。男は闇夜のなかで、山がどこかわからない。腰が抜けて歩けないが、口が達者なのが幸いした。「山はどこだ」「山はどっちです」と叫んでいるうち、誰かが、むんずと後ろから男を抱き上げ、山へ走った。

翌朝、男は自転車屋と二人で、自転車屋の留守宅に急行した。自転車屋は妻子を隣の浅川村に置いて男の案内をしていた。

自転車屋の家は津波でなくなっていた。避難所になっている高台の神社にいくと、お堂から自転車屋の六人の子がパラパラと出て来た。「母ちゃんは？」と問うと、一緒に逃げたが、お金を取りに戻ったまま帰らぬといい、「大粒の涙がポロポロといたいけな坊主の頬《ほお》を流れた」。自転車屋と男は泥田と化した付近を捜した。一時間後、自転車屋の妻はみつかった。田んぼの桑の木に引っ掛かって無残な姿であった。顔の泥をおとし、髪を洗い、着物の帯を解いたら、奥からポトリと財布が落ちてきた。「私が呼んだばかりに、彼の愛妻も」。男は無言で泣いた。

男はのち俳優として成功し、文化勲章を受章。男の名は森繁久彌《もりしげひさや》。長生きし、この話を『森繁自伝』に書いている。

引き波がくる前に脱出図れ

森繁久彌さんは徳島の海陽町で昭和南海地震津波（一九四六年）に遭ったが、森繁さんは抜群の話者であったから、この津波について、体験した人間でなければ語れない貴重な証言と教訓を残している。

第一は、津波の時の引き波の恐ろしさである。「津浪というのは、最初二メートルほどの波が襲って来て、あっという間に入口から窓から侵入する。そして畳や簞笥《たんす》を浮かし、見る見るうちに鴨居近くまで上って来る！　かと思うや、それより早い勢いですーっと引いて行くのである。この力が、来る時の何倍かで、四方の壁をついでにひっさらって行く」。第一波よりも第二波、第三波が大きいことが多い。

この押し波と引き波が繰り返されると、日本家屋は屋台骨がバラバラ崩れ、屋根がドシンと下に落ちる。これが繰り返されて屋根も簞笥も柱もすべてが運び去られ、ブルドーザーでならしたような何もない平地になる。「これが津浪で、来る時はまだしも、引く時の力は、いかなる頑丈なものも立ち尽す術《すべ》がない」。我々も海水浴に行って、波打ち際に立つと、波がひく時、足の下の砂がくずれて、よろめく経験をするが、「あれのものすごいやつ」というのが、森繁さんの語る引き波の怖さである。

この証言から一つの教訓が得られる。たとえ、津波に逃げ遅れて体が水に浸かっても、あわててはいけない。津波に浸かりはじめた初期段階の時間は貴重なことがわかる。むしろ、脱出のチャンスとみて、あきらめず、津波の水の浮力の利用を考え、脱出を図らなくてはいけない。体が水に浸かれば、浮力で水に浮く。浮力を利用して建物の高いところに移動したり、浮遊物の上に乗ったり、流されない物を探してつかまったり、はじめの押し波のときに、パニックにならずに、冷静に有利な場所への移動を考え、がんばるのが大切である。引き波になってしまうと、さらに状況が困難になるからだ。

第二に、森繁さんは不思議な証言をしている。「思えばあの夜、宴の最中にたびたび地鳴りのようなものを感じた。私は、二、三度、『地震じゃないの?』といった記憶があるが、『ありゃァ、海鳴りですよ』と軽くかたづけられたので大して気にもとめなかったが、前ぶれはそのようにちゃんとあったのである」(『森繁自伝』)。

昭和南海地震に、前ぶれ地震(前震)があったかについては、長く議論されている。これまで前震とされてきた昭和南海地震二時間前の地震はデータ上の間違いで、昭和の東南海・南海地震には、大きな前震はなかったとされている(宇津徳治《うつとくじ》「一九四六年南海地震の前震とされている地震について」『地震』第二輯四七巻)。

しかし、東日本大震災をおこした東北地方太平洋沖地震では震源付近で前震と考えられる地震活動が多数みられた。現代では、地震の観測精度が上がり、微弱な地震までとらえられる。

昭和南海地震の当夜、森繁さんは木造の三階部分にいた。音も揺れも感じやすい場所だ。当時の徳島地方気象台の地震計がとらえきれなかった微弱地震を敏感な森繁さんが感じたのだろうか。森繁さんのいた町の近く牟岐町の証言集『海が吠えた日』には前震を示す記述はない。文化勲章を受章したこの国民的俳優の超絶した感性が、南海トラフ地震の前震をとらえたのか。今となってはわからない。

第6章

東日本大震災の教訓

1　南三陸町を歩いてわかったこと

神社はなぜ流されなかったのか

二〇一三年の春、宮城県の南三陸町《みなみさんりくちょう》に入った。東日本大震災の津波の痕跡をたしかめるためである。白い巨大な建造物はベイサイドアリーナ。五〇〇を超える遺体を安置したその「白い箱」をのぞむ幼稚園で園児らとかけっこをした。

ふと視線を感じた。年格好は私と同じぐらいの男性であった。私が会釈をすると黙って名刺を差し出した。みると「大川《おおかわ》小学校遺族」とあった。自分の名と亡くなった子の名が一枚の名刺に書いてあり、子のところに（五年生）と括弧で添えてあった。私は言葉にならず「それは、どうも……」と口ごもったが、何かいわねばと思った。

「静岡からきました。次の東海地震に備えて歴史津波がどこまできたか調べています。神社が水に浸かったかどうかの古記録が手掛かりになるので、今回の震災で南三陸町の神社がどうなったか聞いて歩いています。神社の手前でギリギリ津波が止まった所が多い気がしますが」。すると、その父親は訥々《とつとつ》といった。「このあたりで津波で流された神社は三つだけと聞いてます」。

事実そうだった。荒沢《あらさわ》神社はこのあたりで最古の海辺の神社だが、御神体の手前で津波がぴたっと止まった。ちょうど貞観《じょうがん》津波（八六九年）の頃に作られ、慶長三陸津波（一六一一年）もくぐりぬけている。

今回の津波で「鳥居（標高一二メートル）はほぼ水没。鳥居脇の神官宅（同一四メートル）も床上一・五メートルまで浸水し、本殿（同一四・五メートル）も床上一メートルまで水がきたが、台上の御神体は濡れなかった」（同社の遠藤芳男さん）。一六メートルの津波であったことがわかる。

津波常襲地の古い神社は幾度も津波に襲われ、建つべき位置を学習した結果、そこにある。近くの上山《かみのやま》八幡宮の女性の禰宜《ねぎ》、工藤真弓さんが教えてくれた。「私の実家、上山八幡宮は元は防災庁舎の近くにありました。しかしチリ地震津波（一九六〇年）で被害をうけ今の高台に移転したのです。それで今回は助かりました」。

上山八幡宮は移転を繰り返している。はじめはもっと高台にあったが一八〇〇年頃に、防災庁舎の近くにうつされた。遠藤未希さんが最後まで避難を呼び掛けて亡くなり町長らが屋上の鉄塔手すりにしがみついて助かった、三階建てのあの建物の横だ。そこは標高一メートルに満たない土地。しかも地名は「塩入《しおいり》」だ。江戸時代、津波高潮の被害を塩入とよんだ。津波被害が繰り返される場所が、塩入もしくは塩入田とよばれているのを何カ所もみた。塩入という地名のついた場所に防災庁舎を建ててはいけなかったのである。

チリ地震津波の時塩入にあった上山八幡宮は、四メートル近い津波の直撃をうけ拝殿と社務所に浸水。境内の樹木はみな枯れた。のちの高潮被害もあり標高一九メートルの高台に移転。今回、事なきを得た。

「神社の石段を登った鳥居まで津波がきた神社が多かった。うちもそうでした。昔の人は津波の到達点を鳥居で示したのかと神職仲間は言っています」（工藤さん）。これは津波の時、高台の古社に逃げこめば助かりやすいことを示している。事実、南三陸の戸倉《とくら》小学校は津波で二〇メートルも浸水したが教員らが近所の五十鈴《いすず》神社に児童を誘導。津波のなか神社の境内だけがポッカリと島のように浮かび、助かった。

大川小学校遺族の男性は私の目をみていった。「歴史を知るのが何より大切です」。彼の黒いかばんのなかに、歴史津波の専門書がぎっしりと詰まっていたのが忘れられない。

津波に弱いマツ林

「マツ林がよくない。遺体がマツに挟まってチェーン・ソーで切断しなければ出してあげられない場面にも遭遇しました」

そう語るのは「大川小学校遺族」の男性。宮城県南三陸町でのことだ。彼は小学校五年生のお子さんを津波で亡くしていた。我が子の体を捜し歩いた想像を絶する体験からの言葉である。しかし彼の語りは冷静であった。被災地の航空写真を示しながら説明してくれた。

「この通り、マツ林があったところは住宅が破壊されています。マツがなかったところのほうがかえって住宅が残っている」

マツ林はかえって危険。巨大津波ではマツはすぐに根こそぎ抜けて流され、人や住宅に襲いかかるのだという。現場を踏むと、それまでの固定観念がガラガラと崩れることがある。まさに目からウロコだった。陸前高田《りくぜんたかた》の「奇跡の一本松」をテレビでみた時、海岸のマツたちが身を挺《てい》して町を守ってくれたとの印象をもったが、ものはもっと深く考えたほうがいいらしい。

陸前高田の高田松原は、江戸前期の一六六七（寛文七）年に地元の豪農菅野杢之助《かんのもくのすけ》らが植林をはじめたものだ。たしかに明治・昭和の三陸津波、チリ地震津波の被害を防いだが、「マツが津波から町を守る」というのはわずか一〇〇年の時間でみた歴史の知恵にすぎない。「奇跡の一本松」はマツが防潮の役割を果たせなかったことの象徴物でもある。

波高が一〇メートルを超える巨大津波になるとマツ林は凶器となる。では、津波に強い林とは何か。「根が真っすぐで深く、その土地にあった常緑広葉樹林がいい。高木と低木の混じった多層群落の林が強い」と生態学者たちはいっている。砂浜に植えられるのはマツだけではない。すでに千葉県は砂浜に常緑広葉樹の混交林を整備すると公表した。ただ、私は思う。一〇メートルをはるかに超える津波がきたら、マツであろうと、多層群落の林であろうと、折れて流れ、住宅へ向かってくるリスクは大きい。

私の住む浜松でも大規模な防潮堤の計画が進み、木も植えられる。白砂青松にこだわっては大変なことになりかねない。静岡県の沼津には海辺に千本松原があって富士山を望めば絶景である。しかし防災を考えれば、アカマツやクロマツだけの単純な林では危険なことは誰でもわかる。そのうえで歴史景観になっているマツを伐採できるかどうかは、人命と郷愁を天秤《てんびん》にかけた覚悟の問題になってくる。

江戸人にしてみれば、マツは塩害に強く、成長がはやく、めでたい神のような木であった。そのうえ用材、とくに燃料としての価値が高かった。化石燃料のない時代の人間が、枯れたらすぐに燃料になるマツを、海辺に植えるのは当たり前である。石油もガスもある現代の我々がそのまねをしてマツだけの林を作って、わざわざ危険な目に遭うこともあるまい。

なんといってもマツだけの林は、津波ばかりかマツ枯れにも弱いのである。以前、宝永津波（一七〇七年）の痕跡を探して静岡市清水区の三保半島を歩いたが、羽衣の松（樹齢六五〇年）などの老いたマツがあるのは、標高一〇メートルを超える半島の付け根の一角だけであった。三保半島の先端は津波にやられたと古文書にある。若いマツばかりで、ぞっとしたのを思い出す。

こういう話を書くと、マツを植える事業を続けてきた、もしくは、続けたい向きから、「組織的」な反論がくる。根が地下に真っすぐのびるマツなら折れない、安全だ。折れたマツは地下水位が高く根がしっかりのびていなかったからだ、根が深くなるマツを植えればいい、などと判で押したように、いってくる。しかし、これは妙な話である。津波がくる海岸は、もとより地下水位が高いことが多い。よしんば、地下水位を今、低くできたとしても、責任をもって、この先五〇年、一〇〇年と、我々は長い海辺の地下水位をコントロールできるわけもない。やはり、巨大津波がくればどんな木を植えようと、折れて流れることを認めて、何らかの新しい技術で塩害対策をとることも考えなくてはならないのではなかろうか。日本におけるマツ防潮林の議論は、原子力発電と同じように、生活上、それをやり続けなくてはいけない人々がいることもあって、なかなか難しい問題をはらんでいる。
帰りがけ南三陸の女性が私にいった。「この前、幼い子がいうんです。津波でスギは全部枯れたのにツバキだけが残っている。なぜかって。ツバキは地下に根を深く張るそうですね。表面上、みえないところに大切なものがある。人間も同じかもしれません」。

津波の砂泥に学ぼう

津波というのは「黒い砂泥」の塊である。津波に巻き込まれると、砂泥が肺に入り、津波肺炎をおこしやすい。

だから、津波被害が予想される地域の医師は平時からこの津波肺炎への応急処置を覚悟しておかねばならない。江戸時代には抗生物質がなかった。津波でずぶぬれになった被災者は低体温症と津波肺炎に苦しんだ。それを漢方薬で必死に助けようとする江戸の医者の姿を私は古文書中にみるが、読んでいてまことに痛々しい。

ただ、この津波の砂泥＝津波堆積物は後世の我々にとって貴重なサインとなる。地中に「津波の砂」の層がみつかれば、そこに津波がきていた証拠になるからだ。東日本大震災後、研究者は仙台平野の現場検証をした。仙台市若林《わかばやし》区荒井《あらい》を例にとると、津波は内陸四キロまできたが、津波の砂がみつかるのは内陸二・三〜三キロ地点まで。さらに内陸は泥だけが積もっていた。東北学院大学の松本秀明さんらの研究成果である。

つまり、津波で砂をかぶった範囲の約一・五倍内陸まで津波がきていた、ということになる。この事例がどこまで一般化できるかはわからない。ただ津波の砂を追えば、過去の被害実態がわかるのは確かである。

いま思えば、考古学者たちは震災前からサインを出していた。仙台平野に沓形《くつかた》遺跡という約二〇〇〇年前の弥生時代の遺跡がある。震災の五年前から本格的に発掘され、当時は二キロ（現在は四キロ）内陸のこの遺跡から津波の砂の層が発見されていた。砂は分厚いところで五センチを超えていた。集落は津波で徹底的に破壊され、再び人が住みはじめたのは津波から四〇〇年後という衝撃的な事実もわかっていた。

つまり、仙台平野は約二〇〇〇年前、約一一〇〇年前（貞観津波）、四〇〇年前（慶長三陸津波）、そして二〇一一年（東日本大震災の津波）と、はっきりしているだけで、二〇〇〇年間に四回もの大津波に襲われている。いずれも内陸四キロ前後まで浸水。五〇〇年前後の周期性をもったきわめて反復性の高い自然現象であったことがわかる。「あの時津波の砂に学んでいれば」という後悔が今後あってはならないだろう。

次に来るであろう南海トラフの津波の砂をしっかりみておくべきだ。静岡県磐田《いわた》市の元島《もとじま》遺跡。ここで七世紀後半から一五世紀後半までの八〇〇年間に、四回分もの津波の砂がみつかっている。しかも分厚い。

場所により一五センチを超える。

調査にあたった津波堆積物に詳しい藤原治さんは「砂層の厚さは地形に左右される。砂の厚さから津波に浸かった深さを復元する方法はまだ確立されていない」と科学者らしく慎重な姿勢であるが、元島遺跡の隣町に住む私としては、やはり気になる。元島遺跡は津波に襲われた当時、二〜三キロの内陸にあった。そこに津波で一五センチ以上の砂が積もったのだ。数メートルの浸水では、こんなことにはなるまい。

宮城県南三陸町で出会った言葉を思い出した。今回の津波で参道のスギ並木をすべて失った大雄寺《だいおうじ》というお寺の住職さんがいっていた。

「スギ並木の下は掘っても掘っても砂だらけ。厚さ一五センチなんてものじゃない。スギですか。津波に一〇メートルは浸かっていました」。

「遠地津波」は何が危険か

二〇一四年四月におきたチリ沖地震の津波注意報のなか、この原稿を書きはじめた。地球の反対側のチリなどから丸一日かけてやってくる津波。日本近海の地震を原因としない津波を「遠地《えんち》津波」という。

チリ沖の地震で日本に甚大な被害をもたらしたのは、なんといっても、一九六〇年のチリ地震津波である。この時の地震はモーメント・マグニチュード九・五。世界史上でも最大規模の地震で、延長八五〇キロにわたって地盤がすべった。ここまで大きな地震であったので、日本に到達した津波は三陸海岸などで高さ六メートルを超えたところもあった。

二〇一〇年にもチリ沖で地震があった。この時の地震はモーメント・マグニチュード八・八。割れた断層の長さは五〇〇キロたらずで、日本にきた津波は高いところで二メートル弱であった。

今回はM8・2の地震とされるから、一九六〇年、二〇一〇年ほどではない。普通にいけば、一メートル以下の津波であろうと想像されたが、それでも津波は海の地形によって複雑に反射したり、波が重なったりで、どんな高さに化けるか予測がつかない。また東日本大震災の津波で日本の沿岸は防潮堤などを失っている。一番きてほしくない時にくるものだと思いつつ、私はテレビの津波情報を、かたずをのんで見守った。

結果は岩手県久慈《くじ》市で観測した津波六〇センチが日本での最大波高であった。今のところ目立った被害を聞かない。ほっとしたところで、この遠地津波の歴史が気になりだした。

東北大学名誉教授の首藤伸夫氏によれば、「一五八六年から二〇一〇年二月のチリ津波までの四二四年間に、南米沿岸で発生し日本に到達した津波は二〇例であり、そのうち一〇例は日本沿岸で五〇センチ以下であった」（内閣府広報誌『ぼうさい』二〇一〇年五月号）。南米からの遠地津波は日本に平均二〇年ごとに到来し、今回で二一回目のようだ。

一五八六年よりも、もっと古い古文書に、遠地津波がないか調べてみたくなり、史料をひもとくと、それらしいのがある。応永《おうえい》二七（一四二〇）年旧暦七月二〇日というから、金閣寺を建てた室町三代将軍・足利義満《よしみつ》が亡くなって一二年後のことである。

茨城県北部の多賀《たが》あたりと静岡県の「丸子浜《まりこ》」で不思議な潮位の変動があったと記録されている。『続群書類従』に収められている「神明鏡《しんめいきよう》」という書物に「(応永) 二十七年七月廿日、卯《う》時より巳《み》の時まで、瓦子《かわらご》・相賀《あいが》（ともに茨城県日立市）で、鹽《しお》（海）が干あがること九度。魚が多く打ち上げられた」とあり、『続本朝通鑑』にも「(応永二十七年) 七月に、駿河丸子浜（静岡市駿河区）で、一日の間に潮がみち、湖がかれること九度。魚が上り、陸に在った」と記されている。

不定時法の「卯時より巳の時」というから、七月二〇日前後であれば、現在の朝四時頃から九時過ぎまで五時間前後の間に九度も波の押し引き（満ち引き）があったという。普通の津波は押し波と引き波の間隔＝周期が一五分ほど。一方、遠地津波は四〇～六〇分といわれる。五時間で九度の波の押し引きだから遠地津波の特徴に近い。

実は、この長い周期こそが遠地津波で注意しないといけない点である。一回避難しても、二時間やそこらで戻ってはいけない。周期が長いので、小さな津波がきて何時間もたってから最も大きな波が襲ってくることがあるからだ。

2　大船渡小に学ぶ

チリ地震を知る校長の決断

災害時に、私たちは人命のかかった重大な決断を迫られる。教職についていれば、多数の幼い子どもの生死が自分に委ねられることがある。どうすればよいのか。

私はこの問題に悩んできた。私は講義と執筆で手いっぱいで、さほど講演はできないが、災害が想定される地で児童・生徒を抱える学校関係者からの依頼はすべてを断りきれず、歴史学からみた地震津波防災の講演をして歩いている。学校をまわって、地震津波の危険について話してみたが、「やはり、実際に、子どもの生死がかかった現場に遭遇した人に会ってみなければわからないことが多い」との感が深まるばかりであった。

ところが、「念ずれば通ず」とは、このことで、二〇一四年一月三一日に浜松市立積志《せきし》小学校に講演に出かけたら、なんとそこに、岩手県大船渡《おおふなと》小学校の前校長・柏崎正明さんが来ておられた。大船渡小学校は一〇メートル近い大津波に襲われ、標高約八メートル地点に立つ三階建て校舎一階の教室が約二メートルまで浸水。柏崎さんは子どもの命を守らねばならぬ厳しい現場に立たされた経験者で、後世にその経験を語り継ぐべき数少ない生き証人である。その証言を聞くことは、重要な意味をもつ。私は「日本史上の災害を記録し、周知する」執筆や講演活動の話をして、柏崎さんに協力を請い、その場で直ちに取材をはじめた。幸い快く応じてくださり、震災時の貴重なメモまでくださった。

以下、当事者証言を参考にしながら、あの日の大船渡小学校でおきたことから得られる教訓を考えてゆきたい。

東日本大震災の当日、大船渡小学校には二六五人の児童がいた。在籍児童は二六八人、欠席二人早退一人（「柏崎メモ」）。一四時四六分、地震がおきると、教職員と児童はマニュアル通りに、校庭に避難した。大船渡小学校は住民が逃げ込む避難所に指定されていた。この時点では、これが当然の対応と思われた。

柏崎さんはいう。「私は小学校二年生でチリ地震津波（一九六〇年）

に遭いました。電柱や家が流されていくのを幼い目で見ました。大船渡小学校でもチリ地震津波の作文を読んで黙禱《もくとう》をしていました」

ここには教訓があろう。まず教師が津波の恐ろしさを実際にみており、その教師が日頃から児童に自分の町にきた津波とその被害について教えていたのである。津波記憶を風化させないことは迅速な避難につながる。

数分で校庭に避難したものの「防災無線がはっきり聞き取れない」状態だった。ただ、太平洋沿岸に大津波警報が発令されたことは知れた。一五分たった一五時頃には「校庭や体育館に地域の人たちが次々と避難してきた。低学年を中心に保護者が迎えに来」はじめた（「柏崎メモ」）。

ここで柏崎校長たち大船渡小の教職員は一つの判断を下さなければならなかった。保護者が児童を迎えにきたのだが、自宅が海に近く危険と思われる方面の保護者に児童を渡すかどうかだ。この時、ただ児童を渡すのではなく海に近づかないよう説いていた、という教員と、後日ふりかえって、混乱状態でとてもそんなふうにはできなかったという教員がいて、事実は、定かではないが、とにかく、人命がかかわる緊急時は、被害を最大にみて嫌われても最悪をさける決断を下すのが正しい。しかし、ここで柏崎校長は想定外の状況に直面する。

危険の直感こそが生存への道標

大船渡小学校はちょっとした高台にある。地域住民の避難所に指定されており、その場にいた全校児童二六五人と教職員二一人の命を預かる柏崎校長は、ひとまずマニュアル通りに、校庭に全員を避難させたという。

小学校の下にはＪＲ大船渡線が通り、一九六〇年のチリ地震津波の時には津波はこの線路を越えなかった。だから大船渡小は避難所に指定されていたのだが、校長たちは一五時二〇分に異変を感じた。「避難していた校庭から海手の方を見ると、バキバキと音を立て、土煙を上げながら家の屋根が移動しているのが見えた」（「柏崎メモ」）。

ここが運命の分かれ目であった。危険に直面した時、人間の直感は案外に正しい。危機の時、何より正しい教科書は、マニュアルや想定より、目の前にある現実だ。そこが避難所に指定されているからといって、安全という保障は何もない。「ここにいては危ない」。そう直感した柏崎校長は決断を下した。

「大中に避難！」校庭を放棄し、もっと高い大船渡中学校（大中）へ逃げる指示を出したのである。本当に、これがよかった。また、柏崎校長はじめ教職員は児童を迎えにきた保護者や体育館に避難してきた三〇人ばかりの地域の人にも「ここは危ない。高台に逃げてください」と呼びかけたと校長はメモに記している。

ところが津波はもうそこまで迫っていた。大船渡小の教職員は、またここで、後日、保護者に感謝される行動をとった。迫る津波に、校門から避難する余裕はないとみて、「山手のフェンスから避難させるなど臨機応変に対応」した（大船渡小の保護者の寄稿『東海新報』

二〇一一年五月一〇日付)。危険に直面して、結果的に、そうしただけだ、と、ふりかえる教員もいるが、とにかく、山手のフェンスから逃げようとした。

大船渡小の校門は標高七メートルでしかなく、海まで二六五メートルしかない。幸い学校裏手は斜面になり、はい上がれば標高一二メートルとなるうえ、高さ一メートルほどのフェンスが立ちふさがっている。津波の時には、どんなに不格好でも道なき道でも、一番はやく高いところに登れる場所に向かってまっしぐらに逃げるのがよさそうである。

背後から津波が迫るなか「フェンスを登れない一年生児童を教職員が引き上げた」という(「柏崎メモ」)。大船渡小を襲った津波は標高一〇メートル付近まで浸した。児童全員を校門から整然と行進させていれば、危なかった。

「大船渡は港町で土地が狭い。裏山へ逃げればすぐに標高が高くなるのは幸運だった」と柏崎さんは謙遜《けんそん》するが、危険察知本能があっても人間はなかなか平時と違う行動がとれるものではない。とくに公務員や教員は臨機応変して日々利益を追うビジネスマンと違い、規則にのっとる行動をとりやすく、集団の指揮を任されると、平時の公平と穏当を前提にした常識にとらわれやすい。心すべきことである。

災害は過去の例をこえることもある。災害時にはマニュアル・被害想定・避難所の安全を過信してはならない。眼前の現実こそが教科書となり、危険の直感こそが生存への道標《みちしるべ》となる。避難に躊躇《ちゆうちよ》は禁物。

大船渡小の全校児童二六八人全員の無事が確認された時のことを柏崎校長メモはこう書く。「職員室から拍手が起こり、涙がこみ上げてくる」。教職員二一人中九人は自宅が津波で浸水。帰宅せず、児童を守っていた。災害への最後の砦《とりで》は温かい心と責任感かもしれない。

「自分の命は自分で守る」

浜松市の積志小学校の教室は静まり返っていた。子どもの目は真剣そのもの。幼い子がめいめい、人命のかかった話を聞いている。私は、張りつめた空気のなか、懸命に命を考える、そのあどけない横顔をみつめていた。

話し手は、岩手県大船渡小学校の柏崎前校長。約一〇メートルの大津波に襲われた小学校で在校児童二六五人全員の命を守り抜いた人である。その柏崎さんが被災後に変わり果てた「ふるさと」の写真を映写しながら、浜松の小学生に自分の経験を話していた。

「ＪＲ（大船渡線全線）の復旧がない。切れた線路が悲しいですね」

浜松の小学生もほんとうに悲しそうな顔をした。津波による塩害で、毎年美しい花を咲かせていた桜の木も枯れてしまったという。そこで、浜松の小学生たちは、桜の苗を大船渡小に送ったらしい。柏崎さんは子どもたちにお礼の言葉を述べて話をしめくくった。「毎年、桜をみて春を感じると思います。みなさんから、素晴らしい春をいただきました」。

「最後に質問がある人はいますか」

その時、一人の小学生が、すっと立ち上がって、いった。

「次に震災がくるのは僕たちのところだといわれています。僕たちに気を付けてほしいことは、何でしょうか」

しっかりした質問であった。私の住む浜松市の子どもにとって、大津波は他人ごとではない。南海トラフの大地震は、いつくるかわからない。ただ過去の例からいわれるように、襲来周期が約一〇〇年とすれば、今の小学生は事態に直面する可能性が最も高い世代だ。浜松では子どもも「明日は我が身」と思っているのだ、と感じた。

この重大な質問に、柏崎さんは迷いなく答えた。

「大切な命は自分で守るということです。あらかじめ、逃げる場所を、きちんと家族で確認し合っておく。そして、それぞれが、その安全な場所に逃げる。『津波てんでんこ』という言葉があります。『てんでんこ』とは、東北の方言で、一人一人が、めいめいが、という意味です。それぞれが安全な場所に逃げるのです。決して『おじいちゃんが大丈夫だろうか』と思って、逃げるのをやめてはいけない」

自分の命は自分で守る。自律心をもって行動する。あらかじめの避難計画を家族で話し合っておく。安全な場所と、そこにたどりつく時間や道すじなどを考えておく。そういう事前の準備が大切だという。

大災害を身をもって経験した柏崎さんの言葉には、えも言われぬ説得力があった。子どもたちは、この日、柏崎さんから話をきいたことを、ずっと忘れないだろう。また、あの災害を生きのびた人は、一方的に助けられる被災者などではなく、むしろ、これから災害に直面する人を助ける重要な語り部であることを再認識させられた。

責任も感じた。逃げるべき「安全な場所」を、あらかじめ家族と話し合っておくには、どこが安全な場所かを判断する指針が必要になる。研究者や行政は、利害や体面を度外視して、誠実に情報を提供しなければなるまい。

私は最後に柏崎さんに問うてみた。「眼下に黒い津波が迫ったとき、子どもは怖がりませんでしたか？」。「いや、抱きしめて、なるべく、津波はみせないようにしました」。退職校長の朴訥《ぼくとつ》な答えは、まことに爽《さわ》やかであった。

3　村を救った、ある村長の記録

昭和八年三陸大津波という地獄をみて

歴史上には、その人がいたことで大勢の人命が助かった、ということがある。先の東日本大震災でも、それがおきた。他の自治体に比べて、格段に死者・行方不明者の少なかった村がある。

普代村《ふだいむら》（岩手県）。三陸海岸にある人口三〇〇〇人のこの村は一八九六年の明治三陸大津波では三〇二人、一九三三年の昭和八年三陸大津波でも一三七人が犠牲になった（『広報ふだい』No.六一〇）。二〇一一年の震災でも二〇メートルを超える巨大津波が向かってきた。ところが、この村では、海へ船を見にいった一人の方が気の毒にも行方不明になってしまったが、奇跡的に死者はゼロであった。

いや奇跡ではなかった。震災時にはとっくに故人となっていたが、この村にはかつて和村幸得《わむらこうとく》という村長さんがいた。この人の尽力で犠牲者が少なかったといわれる。ただ、和村の記録は少ない。東京まで行けば、国会図書館に一冊だけ、彼の回想録『貧乏との戦い四十年』が収蔵されている。震災の犠牲を減らす人物の生涯とは、どのようなものかをぜひ知りたいと思い、浜松から新幹線に乗ってこの本を読みに行ってきたので、記していきたい。

和村は明治の大津波の被害を聞いて育ち、昭和八年大津波の惨状を目の当たりにした経験があった。「絶対に、村民を守らねば」と思っていた。「村民のなかにも防波堤設置を求める声」が上がっていたので、津波から村を守る防潮堤の建設を決意した。国と岩手県の間を奔走し、たびたび上京して地元選出の政治家・鈴木善幸《ぜんこう》（のち首相）を説いて建設省に陳情し、みずから「津波研究所にも行き、いろいろの試験模様を見せられながら勉強した」。

県費による着工を勝ち得た和村は、県の土木部にみずから乗り込んだ。そこに佐々木という非常に熱心な技師がいて、和村は、この人にひっついて防潮堤の設計をすすめた。現今のごとく海岸一律にではなく、津波の力に逆らわぬ堤を効果的な場所に造った。自治体の首長が、津波や土木の研究機関に直接乗り込み、熱意をもって、技師と一緒に考えて対策にあたっているところが、昨今の政治家に多い「人任せの公共事業」とはまったく違う。

また、村の人口が増え、防潮堤の外側にも人家が建てられるようになったのをみて、和村は自己責任などとは思わなかった。新たな津波対策が必要と考え、水門の建設を計画した。

和村が妥協しなかったのは水門や防潮堤の高さだ。「なぜそんな巨大なものが要るのか」という周囲の大反対を押し切って、一五・五メートルの高さにこだわったことは、震災後、テレビ報道もされたから、今日よく知られている。

昭和八年大津波のとき和村は地獄をみた。「親父《おやじ》を呼ぶ声、母親を呼ぶ声。阿鼻叫喚《あびきようかん》とはこのことか、実に悲しい限りであった」。「密集地帯の家屋は一軒も残っておらず、山の中腹にある墓の前に死体が累々と並べられ（中略）堆積した土砂の中から死体を掘り起こしているところを見た時には、何と申し上げてよいか、言葉も出なかった」（『貧乏との戦い四十年』）。

それで和村は「二度あったことは、三度あってはならない」（二〇一三年に建った顕彰碑《けんしょうひ》の碑文）と、村の一等地の畑をつぶし、土地収用に訴えざるをえなくなっても、水門・防潮堤の高さでは妥協しなかった。

震災後、和村の墓前には花と線香の煙が絶えない、ときいた。

消防士は「一に避難、二に救助」

岩手県の譜代村は東日本大震災で二〇メートルを超える巨大津波に

襲われながら、死者ゼロ・行方不明者一であった。それでこの村は全国の自治体から視察が相次いでいる。

二〇一四年二月に静岡県地震防災センターで「歴史に学ぶ地震と津波」という講演をしたが、演壇を降りてきた私に、一人の男性が駆け寄ってきて名刺と一枚の紙を差し出した。名刺には「静岡県消防学校・校長仁科満寿雄」とあり、紙は「消防学校長ニュース」とあった。驚いたことに、静岡県の危機管理部職員と普代村を訪れた時のことを記している。

私が「普代村に行かれたのですか。私はあの村の元村長、和村幸得さんのことを調べています」というと、仁科校長はいった。「和村さんには感動しました。譜代水門の高さを一五・五メートルにするのは譲れない。その建設のため、たびたび東京の鈴木善幸さんに陳情に行かれたそうです」

仁科校長の「消防学校長ニュース」を読んでみると、「元村長の執念」で造られた普代水門だけで村が守れたわけではない。消防士の「献身的な行動」があったことが記されている。

震災当日、普代村の消防分署は和村元村長が手塩にかけた普代水門を遠隔操作で閉めようとした。ところが「県道側の陸閘《りっこう》が閉まらない」。それで消防士の田端陵平さんらが、直接、水門に行って、手動のボタン操作で閉めたのである。ほんとうに命がけの危険な作業であったようで、田端消防士は「(逃げるのが)あと三〇秒遅れていたら自分はいなかった」と、後日、語っている(『広報ふだい』No.六一〇)。

まず消防士さんに生き残ってもらわなければ、人命も救えない。私は浜松市の消防関係者に講演をした。「不幸にも、先の震災では水門の閉鎖作業や交通整理に出た消防士・消防団員の犠牲が目立った。津波については消防士も消防装備も一に避難、二に救助です」。

そういうと、ある老消防士があとで悲しそうに「震災後そのように対策していますが、一度だけ、住民に『逃げるのか』といわれまして」という。私はきっぱり「死んでしまっては救助できない。胸をはってください」と伝えた。消防関係者の犠牲を防ぎつつ、有効な防災・救助活動を行う策をたてたいものである。今後も防潮堤や水門の整備は進むだろう。強震で揺さぶられ、停電しても、自動や遠隔操作で水門が確実に閉まる信頼度の高いシステムが絶対に必要だ。

万一、消防士が海に近づかざるをえない場合には、津波の危険状況を消防士に知らせる通信が確保されていなければならない。普代村の消防士が間一髪助かったのも遠隔操作のモニターをみて津波の接近を知った同僚が「津波が来てる、早く車に乗って！」と放送して知らせたからであるという。

普代村の事例にはいくつもの教訓が含まれる。和村元村長のように、献身的に地元のために働くことをいとわないリーダーがいること。自然は想定外と考え、防災設計では、過去の災害の強度を参考にして、お金や人間の都合で安易な妥協はしないこと。人工の防災設備を運用する人間の技や志が維持されていること。

そして普代村の古馬丈裕消防司令補が大切な教訓を語っている。

「水門は重要ですが、あくまでも時間稼ぎと思ってください」（『広報ふだい』No.六一〇）。自分を守るのは水防や防波堤でなく自分である。

自然に逆らわぬ防災工事を

結果的にみて、岩手県普代村の水門と防潮堤が津波から村を守ったのだが、東日本大震災の結果をみれば、普代村の例はむしろ少数で、防潮堤が津波に負け、人家を守れなかった例も多い。これからは、津波に勝てた例と負けた例をしっかり比較研究して最良の防災工事を考えねばならぬと思う。

そこでやはり、もう一度、和村幸得さんの回想録『貧乏との戦い四十年』を読み返したい。和村さんは岩手県の熱心な設計技師とともに、普代村の地形を調査し、設計書を作り上げる。

「設計書の内容を一言で説明すれば、津波の力は計り知れないから、逆らわずに防波堤の外側を通そうというものであった。その方針に基づき、河川護岸（防波堤）の内側に普代の街を守り、外側には人家を建てないという計画になっていた」

和村さんの水門と太田名部《おおたなべ》防潮堤は、自然の地形を巧みに利用している。山の谷が狭まったところに水門や防潮堤を造り、その外側には家を建てないよう計画していた。自然地形を利用するから、水門や防潮堤の長さは短くてすむ。和村さんの普代水門は二〇五メートル、太田名部防潮堤は一五五メートル。長さが短いから、その分、高さを高くできた面がある。この一五・五メートルという東北一の高さが、今回、最大の勝因になった。

津波の力は絶大だから、海の水際でまともに受けるのは得策ではない。普代水門は海岸から三〇〇メートルも奥まった内陸に造られ、津波を陸に攻め込ませ、その力を弱めたところで受け止める設計。太田名部防潮堤もそうで、前面に漁港の防波堤や消波ブロックがあり、これらの「前衛」で津波をまず弱め、最後に高くそびえる防潮堤で止め、となりの谷へ津波の力を逃がす設計にしていた。

そのうえ、和村さんは津波が水門を乗り越える事態も想定していた可能性がある。津波を知らぬ若い人たちから、水門の内側にあたる「防潮林を伐採しグラウンドを拡張してほしいと再三にわたり要望があったが、受け入れなかった」。それで結果的に水門の内側にも防潮林の余裕地が用意してあったため、二〇メートル超の津波が水門を乗り越えても、人家の被害が避けられた。

和村さんの津波対策工事は一五・五メートルという高さばかりが称賛されるが、眼目は自然の地形を重視し、無理をしない対策工事をしたのが勝因だろう。津波の力の大きさを謙虚に自覚し、「残念だが、ここは住めない。ここは使えない」と、村民を説得したのである。

同じく岩手県宮古《みやこ》市の田老《たろう》地区は総延長二四三三メートルに及ぶ長大な防潮堤「田老の長城」をもっていたが、高さは公称一〇・四五メートルで足りなかった。住民の願いを込めた堤防であったのに、私も悔しい。津波の力を弱め時間を稼ぐ効果はあったが、一五・九メートル（土木学会関西支部調査）とされる津波には残念ながら勝てなかった。田老地区は人工防御物で津波と戦うにはあまりにも不利な地形であった。

和村さんの回想録から読み取れる教訓は、過去の災害の大きさを参考に、自然と人間の力量の境目を冷徹にみよ、自然に逆らわぬ防災工事をすすめよ。この二つではなかろうか。

あとがき――古人の経験・叡智を生かそう

思えば、災害史なるものに、わたしがはじめて出会ったのは一八歳の春であった。わたしには、さすらいの癖があり、その大学は一年でやめてしまったが、そこで最初にうけた大学の歴史学の授業に衝撃をうけた。教壇に立っておられたのは水本邦彦《みずもとくにひこ》先生であった。恥ずかしいことに、わたしはその大学を退学したあとで、この先生の偉さを思い知るのであるが、その時は何も知らなかった。授業の冒頭、先生は一枚の紙片をわたしたち学生に配り、こういわれた。

「歴史学というのは、なにも政治史だけの狭いものではない。動物の歴史だってあるし、トイレの歴史だってある。自然の歴史もある。地震や噴火などの災害の歴史は現代にもつながる生きた歴史である」。四半世紀も前の話だから記憶が定かではないが、たしか「日本の近世社会」という名前の講義であった。その日、配られた紙片は、浅間山の噴火で犠牲になった農民たちの古文書のコピー。古文書をもとにしたリアルな歴史災害の話を九〇分間夢中できいたのを憶《おぼ》えている。それは小中高の学校の授業ではまったく聞いたことのない歴史で、強い衝撃をうけた。

わたしは小学生の時から歴史学者になりたいと思っていた。今見ると小学校の卒業文集にも「ぼくの歴史研究この六年の歩み」と書いている。時々、大人たちから、また友達からも「昔のことなんかやって役に立つん?」といわれ、そのたびに下を向いていた。だから大学で災害史の講義をきいて感動し、「歴史学は生きている。我々の命をも守りうる現代に必要な学問である」と、はっきり自信がもてた。

それから、わたしは、一七世紀の環境の歴史を研究してみたり、少子高齢化の今日を考えて、人口や家族構造の歴史をやってみたりした。バブルが崩壊してからは、幕末維新期の社会の大崩壊を生き抜いた「武士の家計簿」の本を書いたりした。しかし、その間も常に災害史のことは頭にあって、武家文書の調査をしていても、地震や津波の史料があれば収集しておくことを二〇年間続けていた。本書はその積み重ねの成果である。

これから備えるべき自然の危機は三つある。第一に、地震津波などの地学的危機。第二に、地球温暖化にともなって台風や集中豪雨が激化することによる風水害・高潮・土砂崩れなどの気象学的危機。そして、第三に、世界の人的交流の進展やテロの可能性が高まり、抗生物質耐性菌・インフルエンザ・出血熱などの感染症学的危機も高まってきている。第三の医療・健康・感染症対策については、ここで述べることができなかった。

また現代社会では、防犯・テロや戦争の抑止、予防外交、経済危機の回避なども重要である。古人の経験や叡智《えいち》はこれからも有効であろう。機会があれば、広い意味での「リスク・コントロールの歴史学」

を叙述してみたいと思っている。

東日本大震災後、歴史地震についての本が数多く出版された。多くは理系の研究者によって書かれ、地震や津波の実態を明らかにするもので、大変参考になる。一方、本書は、地震や津波ではなく、人間を主人公として書かれた防災史の書物である。防災の知恵を先人に学ぶとともに、災害とつきあい、災害によって変化していく人間の歴史を読みとっていただけたなら、幸いである。

二〇一四年九月

磯田道史

災害名索引

カッコ内は西暦。時代順に並べた

長崎県

大分県

海外

高知県

福岡県

佐賀県

奈良県

和歌山県

広島県

山口県

徳島県

香川県

愛知県

三重県

滋賀県

京都府

大阪府

地名索引

現代の地名をあげた。複数の県にまたがる湾などは主な県に置いた

岩手県

宮城県

茨城県

千葉県

東京都

や行

ら行

わ行

は行

ま行

な行

さ行

た行

か行

人名索引

歴史的な人物に限った

あ行

本書は、株式会社中央公論新社のご厚意により、中公新書『天災から日本史を読みなおす』を底本といたしました。

磯田道史（いそだ・みちふみ）

1970年，岡山県生まれ．慶應義塾大学大学院文学研究科博士課程修了．博士（史学）．茨城大学准教授，静岡文化芸術大学教授などを経て，2016年4月より国際日本文化研究センター准教授．本書で第63回日本エッセイスト・クラブ賞受賞．2018年，伊丹十三賞受賞．

著書『武士の家計簿』（新潮新書，新潮ドキュメント賞受賞）
『近世大名家臣団の社会構造』（文春学藝ライブラリー）
『殿様の通信簿』（新潮文庫）
『江戸の備忘録』（文春文庫）
『龍馬史』（文春文庫）
『無私の日本人』（文春文庫）
『歴史の愉しみ方』（中公新書）
『「司馬遼太郎」で学ぶ日本史』（NHK出版新書）
『日本史の内幕』（中公新書）
『素顔の西郷隆盛』（新潮新書）
など多数

天災から日本史を読みなおす
―先人に学ぶ防災―
（大活字本シリーズ）

2023年5月20日発行（限定部数700部）

底　本　中公新書『天災から日本史を読みなおす』
定　価　（本体3,300円＋税）
著　者　磯田　道史
発行者　並木　則康
発行所　社会福祉法人 埼玉福祉会
埼玉県新座市堀ノ内3―7―31　〒352―0023
電話　048―481―2181
振替　00160―3―24404
印刷製本所　社会福祉法人 埼玉福祉会 印刷事業部

ISBN 978-4-86596-584-1